Gătire Rapidă și Delicioasă

Rețete Minunate pentru Cei Aflați în Goană

Maria Ionescu

Conţinut

Broccoli cu Cheese Supreme 14
Guvech 15
branza de telina cu bacon 16
Branza De Anghinare Cu Bacon 17
Cartofi din Karelia 18
Caserolă olandeză de cartofi-Gouda cu roşii 19
Cartofi dulci pufosi cu unt cu crema 20
Cartofi dulci Maitre d'Hôtel 21
Cartofi cremă 21
Cartofi cremosi cu patrunjel 22
Cartofi cremosi cu branza 22
Cartofi Maghiari Cu Paprika 23
Cartofi delfini 24
Cartofi Savoy 25
Cartofi de castel 25
Cartofi în sos de unt de migdale 26
Roşii cu muştar şi lămâie 27
Castraveţi înăbuşiţi 28
Castraveţi înăbuşiţi Pernod 28
măduva spaniolă 29
caserolă cu dovlecel şi roşii 30
Dovlecel cu ienupări 31

Foi de unt chinezesc Pernod 32
Germen chinezesc de fasole 33
Morcovi cu portocale 34
Cicoare înăbușită 35
Morcov înăbușit cu lămâie 36
Fenicul în Sherry 37
Praz tocănit în vin cu șuncă 38
Praz prajit 39
Țelină prăjită 40
Ardei umpluti cu carne 40
Ardei umpluti cu carne cu rosii 41
Ardei Umpluți De Curcan Cu Lămâie și Cimbru 41
Ciuperci cu crema poloneza 42
Ciuperci cu piper 43
Ciuperci curry 43
Dhal Linte 44
Dhal cu ceapă și roșii 46
Madras de legume 48
Curry de legume mixte 50
Salată mediteraneană în jeleu 52
Salată grecească în jeleu 53
Salata ruseasca cu dulceata 53
Salată de guli-rave cu maioneză de muștar 54
Cești de sfeclă roșie, țelină și mere 55
Căni Mock Waldorf 56
salata de telina cu usturoi, maioneza si fistic 56
Salată continentală de țelină 57

Salata de telina cu bacon 58
Salată de anghinare cu ardei și ou în sos cald 59
Umplutura cu salvie si ceapa 60
Umplutură de țelină și pesto 61
Umplutura cu praz si rosii 61
Umplutura de bacon 62
Umplutura cu bacon si caise 63
Umplutura de ciuperci, lamaie si cimbru 63
Umplutura cu ciuperci si praz 64
Umplutura cu sunca si ananas 65
Umplutura asiatica cu ciuperci si caju 66
Umplutura cu sunca si morcovi 67
Umplutura cu sunca, banana si porumb 67
umplutură italiană 68
umplutură spaniolă 68
Umplutură de portocale și coriandru 69
Umplutura de lamaie si coriandru 70
Umplutură de portocale și caise 71
Umplutură cu mere, stafide și nuci 72
Umplutură cu mere, prune și nuci de Brazilia 73
Umplutura cu mere, curmale si alune 73
Umplutura cu usturoi, rozmarin si lamaie 74
Umplutură de usturoi, rozmarin și lămâie cu parmezan 75
Umplutura cu fructe de mare 75
umplutură cu șuncă de Parma 76
Umplutura de cârnați 76
Umplutură de cârnați și ficat 77

Umplutură de cârnați și porumb 77
Umplutura de cârnați și portocale 77
Umplutură de castane și ouă 78
Umplutura de castane si afine 79
Umplutură cremoasă de castane 79
Umplutura cu crema de castane si carnati 80
Umplutura cremoasa de castane cu castane intregi 80
Umplutura de castane cu patrunjel si cimbru 81
Umplutura de castane cu gammon 82
Umplutură de ficat de pui 83
Umplutura de ficat de pui cu nuca si portocala 84
Umplutură triplă cu arahide 84
Umplutură de cartofi și ficat de curcan 85
Umplutura De Orez Cu Ierburi 86
Umplutură de orez spaniol cu roșii 87
Umplutura cu orez si fructe 88
Umplutura cu orez din Orientul Îndepărtat 89
Umplutură de orez picant cu nuci 89
fulgi de ciocolată 90
Mâncare pentru prăjitura diavolului 91
Tort Mocha 92
Tort stratificat 93
Tort cu cireșe Pădurea Neagră 93
Tort cu portocale cu ciocolata 94
Tort de ciocolata cu unt si smantana 95
Tort Mocha cu ciocolata 96
Prajitura cu strat de portocale si ciocolata 96

Prajitura dubla de ciocolata 96
Prajitura cu frisca si nuca 97
Poarta de Craciun 98
prăjituri americane 99
Prajituri cu ciocolata si nuci 100
Triunghiuri de fulgi de ovaz si caramel 100
Triunghiuri de muesli 101
regine de ciocolată 101
Fulgi de ciocolată Queenies 102
Tort cu tarate de mic dejun cu ananas 103
Tort Crocant cu fructe Tort cu ciocolata 104
Tort Crocant cu Fructe Tort Mocha 105
Tort crocant cu rom și stafide 105
Tort crocant cu whisky de fructe și fursecuri cu portocale 105
Tort crocant cu fructe cu ciocolată albă 106
Cheesecake cu două straturi de caise și zmeură 106
Cheesecake cu unt de arahide 109
Cheesecake cu lemon curd 110
Plăcintă cu ciocolată 110
Sharon Fruit Cheesecake 111
cheesecake cu afine 112
Cheesecake cu lămâie la cuptor 113
Cheesecake cu lămâie copt 114
Cheesecake cu coacăze prăjite 114
Cheesecake cu zmeură la cuptor 114
Cheesecake cu fructe și unt de arahide 116
Tort cu ghimbir murat 117

Prajitura de ghimbir murat cu portocale *118*
Placinta cu miere cu nuca *119*
Tort cu miere de ghimbir *121*
Tort cu sirop de ghimbir *122*
Turtă dulce tradițională *122*
Turtă dulce portocalie *124*
Tort de cafea cu caise *124*
Tort cu rom cu ananas *125*
Tort bogat de Crăciun *126*
Tort Rapid Simnel *128*
Tort cu cereale *129*
O prăjitură simplă cu fructe *131*
Prajitura cu curmale si nuca *132*
Tort de morcovi *133*
prăjitură de păstârnac *134*
tort de dovleac *135*
Tort scandinav cu cardamom *136*
Pâine cu ceai de fructe *138*
Tort Victorian *139*
Tort cu nuci *139*
Prajitura de roscovi *140*
prajitura usoara de ciocolata *141*
Tort cu migdale *141*
Sandwich Victoria Gateau *141*
Prăjitură cu ceai pentru grădiniță *142*
Tort cu lamaie *143*
Prăjitură cu pandișpan de portocale *144*

Tort cu cafea espresso 144
Tort Espresso cu gheață de portocale 145
Tort cu crema Express 146
Prajituri cu stafide 146
prăjituri cu nucă de cocos 147
Prajituri de ciocolata 147
Tort picant cu banane 148
Condimente de banane cu topping de ananas 149
Unt praf 149
capac de ciocolata 150
Felii de fructe sănătoase 151
Felii de fructe sănătoase cu caise 152
prăjitură uscată sfărâmicioasă 152
Fursec-uri foarte crocante 153
Fursecuri foarte moi 153
Crocant picant 153
Fursecuri în stil olandez 154
bile de scorțișoară 154
Golden Cognac Snaps 155
Aperitive de brandy de ciocolată 156
chifle 157
Paine cu stafide 158
Pâini 159
Aluat de bază de pâine albă 159
Aluat de bază pentru pâine integrală 160
Aluat de bază de pâine cu lapte 161
Felie de pâine 161

rulouri *162*
Chifle de hamburger *162*
Rulouri dulci cu fructe Bap *163*
Diviziile din Cornwall *163*
Rulouri fanteziste *163*
Chifle cu Suplimente *164*
pâine cu chimen *164*
pâine de secara *165*
Pâine cu uleiuri de măsline *165*
pâine italiană *166*
pâine spaniolă *166*
Pâine Tikka Masala *166*
Pâine cu malţ de fructe *167*
Pâine irlandeză cu sifon *169*
Pâine Soda Bran *170*
Pentru a reîmprospăta pâinea veche *171*
pittas greceşti *171*
Cireşe în jeleu de Porto *172*
Cirese in jeleu cu cidru *173*
Ananas fierbinte *174*
Fructul fierbinte Sharon *175*
Piersici calde *175*
pere roz *176*
budinca de Craciun *177*
Budinca de prune cu unt *178*
Budinca de prune cu ulei de masline ... *178*
Sufleu de fructe în pahare *179*

Budincă de Crăciun aproape instantanee................................ 180
Budincă de Crăciun ultra-fructă.................................... 182
Tarate de prune... 183
Se sfărâmă cu prune și măr 184
Crumble de caise 184
Crumble de afine cu migdale 184
Crumble cu pere si rubarba.. 184
Crumble cu nectarine si afine...................................... 185
Mărul lui Betty... 186
Nectarine sau Betty Peach 187
Budincă de Orient Mijlociu cu nuci............................. 187
Cocktail de fructe de vară.. 188
Curmal din Orientul Mijlociu și compot de banane 189
Salata de fructe uscate 190
Budincă dură de mere și mure 191
Budincă de lămâie cu mure.. 192
Budinca de lamaie si zmeura 193
Budinca cu caise si nuca pe dos 194
Foster banane 196
Condimente Mississippi 197
budincă jamaicană... 199
Tort cu dovleac 200
Plăcintă cu sirop de ovăz 202
Burete de budincă de nucă de cocos 203
Plăcintă ușoară Bakewell 204
Aluat crocant din carne tocată 205
pâine cu budincă de unt 207

Budincă de pâine și unt cu lemon curd 208
Crema cu ou la cuptor 209
Budinca de gris 210
Budinca de orez macinata 210
Budincă de melază aburită 211
Marmeladă sau budincă de miere 211
Budincă de ghimbir 212
Budincă cu dulceață și pandișpan 212
Budinca de biscuiti cu lamaie 213
Clatite Suzette 214
Mere coapte 215
Pere în stil olandez cu mousse de ciocolată Advocaat 217

Broccoli cu Cheese Supreme

Porție 4-6

450 g/1 kilogram de broccoli

60 ml/4 linguri de apă

5 ml/1 lingurita sare

150 ml/¼ pt/2/3 cană smântână

125 g/1 cană brânză Cheddar sau Jarlsberg rasă

1 ou

5 ml/1 linguriță muștar blând

2,5 ml/½ linguriță boia de ardei

1,5 ml/¼ lingurita nucsoara rasa

Se spala broccoli, se taie buchetele mici si se pune intr-un vas adanc de 20 cm in diametru cu apa si sare. Acoperiți cu folie de plastic (folie de plastic) și deschideți de două ori pentru a permite aburului să iasă. Gatiti la plin timp de 12 minute. Se strecoară bine. Se amestecă ingredientele rămase și se toarnă peste broccoli. Acoperiți cu o farfurie și gătiți la foc mare timp de 3 minute. Se lasa deoparte 2 minute.

Guvech

Serve de la 6 la 8

Vioi, colorat și plin de arome din relația ratatouille bulgară. Serviți singur cu orez, paste sau mămăligă, sau ca o completare a mâncărurilor cu ouă, carne și carne de pasăre.

450 g/1 liră fasole franțuzească sau kenyană (verde) vârf și coadă
4 cepe, feliate foarte subțiri
3 catei de usturoi macinati
60 ml/4 linguri ulei de măsline
6 ardei gras de diferite culori, tocati si taiati fasii
6 roșii, albite, decojite și feliate
1 ardei verde tocat și tocat mărunt (opțional)
10-15 ml/2-3 lingurițe de sare
15 ml/1 lingură zahăr fin (foarte fin)

Tăiați fiecare fasole în trei bucăți. Pune ceapa și usturoiul într-un vas de 2,5 L/4½ pt/11 cani cu ulei de măsline. Se amestecă bine pentru a se amesteca. Gătiți fără acoperire la Full timp de 4 minute. Se amestecă bine toate celelalte ingrediente, inclusiv fasolea. Acoperiți cu o farfurie și gătiți la foc mare timp de 20 de minute, amestecând de trei ori. Descoperiți și gătiți la putere maximă pentru încă 8 până la 10 minute, amestecând de patru ori, până când cea mai mare parte a lichidului s-a evaporat. Serviți imediat sau puneți la frigider, acoperiți și dați la frigider dacă mâncați mai târziu.

branza de telina cu bacon

Porti 4

6 felii (felii) slănină slabă
350 g/12 oz țelină tocată
30 ml/2 linguri apă clocotită
30 ml/2 linguri de unt sau margarină
30 ml/2 linguri făină simplă (universal)
300 ml/½ pt/1¼ cană lapte integral cald
5 ml/1 lingurita mustar englezesc
225 g/2 căni de brânză Cheddar rasă
Sare și piper negru proaspăt măcinat
Piper
Pâine prăjită (prăjită) de servit

Pune baconul pe o farfurie si acopera cu hartie de bucatarie. Gătiți la putere maximă timp de 4-4½ minute, întorcând vasul o dată. Scurgeți grăsimea și tocați grosier baconul. Puneți țelina într-o cratiță separată cu apă clocotită. Acoperiți cu o farfurie și gătiți la foc iute timp de 10 minute, întorcând farfuria de două ori. Se strecoară și se păstrează lichidul. Pune untul într-un vas de 1,5 L/2½ pt/6 cani. Se topește neacoperit la dezghețare timp de 1-1½ minute. Adăugați făina și gătiți la Full timp de 1 minut. Se amestecă treptat cu laptele. Gătiți neacoperit la Full timp de 4-5 minute până când se omogenizează, amestecând în fiecare minut. Se adauga apa de telina, telina, baconul, mustarul si 2/3 din branza. Asezonați după gust. Transferați amestecul pe o farfurie curată. Deasupra se presara branza ramasa si se presara cu boia de ardei. Se încălzeşte fără acoperire la Full timp de 2 minute. Se serveste cu paine prajita.

Branza De Anghinare Cu Bacon

Porti 4

Pregătiți ca brânză de țelină Bacon, dar omiteți țelina. Pune 350 g topinambur într-un castron cu 15 ml/1 lingură suc de lămâie şi 90 ml/6 linguri apă clocotită. Acoperiți cu folie de plastic (folie de plastic) şi deschideți de două ori pentru a permite aburului să iasă. Gatiti la putere maxima timp de 12-14 minute pana se inmoaie. Se strecoară, rezervând 45 ml/3 linguri de apă. Adăugați anghinare şi apă în sosul cu muştar, slănină şi brânză.

Cartofi din Karelia

Porti 4

O rețetă finlandeză de est pentru cartofi de primăvară.

450 g cartofi noi, spalati dar nu curatati
30 ml/2 linguri apă clocotită
125 g/4 oz/½ cană unt, la temperatura camerei
2 oua fierte, tocate

Puneți cartofii într-o tigaie de 900 ml/1½ pt/3¾ cană cu apă clocotită. Acoperiți cu o farfurie și gătiți la foc mare timp de 11 minute, amestecând de două ori. Între timp, bateți untul până la omogenizare și amestecați ouăle. Scurgeți cartofii și adăugați amestecul de ouă cât timp cartofii sunt încă fierbinți. Serviți imediat.

Caserolă olandeză de cartofi-Gouda cu roșii

Porti 4

O caserolă vegetariană săţioasă și încălzitoare, care poate fi servită cu legume verzi fierte sau cu o salată crocantă.

750 g cartofi fierti, taiati in felii groase
3 roșii mari, albite, decojite și tăiate în felii subţiri
1 ceapa rosie mare, rasa grosier
30 ml/2 linguri patrunjel tocat
175 g/1½ cană brânză Gouda rasă
Sare și piper negru proaspăt măcinat
30 ml/2 linguri faina de porumb (faina de porumb)
30 ml/2 linguri lapte rece
150 ml/¼ pt/2/3 cană apă fierbinte sau bulion de legume
Piper

Umpleţi un vas uns de 1,5 L/2½/6 cani cu straturi alternative de cartofi, roșii, ceapă, pătrunjel şi 2/3 din brânză, presară sare și piper între straturi. Amestecaţi făina de porumb în laptele rece până la omogenizare, apoi adăugaţi treptat apa fierbinte sau bulionul. Se toarnă peste marginea vasului. Deasupra se presara branza ramasa si se presara cu boia de ardei. Acoperiţi cu hârtie de bucătărie şi încălziţi la putere maximă timp de 12-15 minute. Se lasa deoparte 5 minute inainte de servire.

Cartofi dulci pufosi cu unt cu crema

Porti 4

*450 g de cartofi dulci cu coaja roz si pulpa galbena (nu igname),
curatati de coaja si taiati cubulete
60 ml/4 linguri apă clocotită
45 ml/3 linguri unt sau margarină
60 ml/4 linguri frisca, incalzita
Sare și piper negru proaspăt măcinat*

Puneți cartofii într-un recipient de 1,25 litri/2¼ pt/5½ cani. Adaugă apă. Acoperiți cu folie de plastic (folie de plastic) și deschideți de două ori pentru a permite aburului să iasă. Gătiți la putere maximă timp de 10 minute, întorcând tigaia de trei ori. Se lasa 3 minute. Se scurge si se framanta bine. Bate bine untul si smantana. Se condimentează bine după gust. Transferați pe un platou, acoperiți cu o farfurie și încălziți la putere maximă timp de 1½ - 2 minute.

Cartofi dulci Maitre d'Hôtel

Porti 4

450 g de cartofi dulci cu coaja roz si pulpa galbena (nu igname), curatati de coaja si taiati cubulete
60 ml/4 linguri apă clocotită
45 ml/3 linguri unt sau margarină
45 ml/3 linguri patrunjel tocat

Puneți cartofii într-un recipient de 1,25 litri/2¼ pt/5½ cani. Adaugă apă. Acoperiți cu folie de plastic (folie de plastic) și deschideți de două ori pentru a permite aburului să iasă. Gătiți la putere maximă timp de 10 minute, întorcând tigaia de trei ori. Se lasa 3 minute, se scurge. Adăugați untul și acoperiți bine cartofii și stropiți cu pătrunjel.

Cartofi cremă

Porție 4-6

Cartofii gătiți la microunde își păstrează aroma și culoarea și au o textură grozavă. Nutrienții săi sunt păstrați deoarece cantitatea de apă folosită pentru gătit este minimă. Se economisește combustibil și nu există tigăi de curățat - puteți chiar să gătiți cartofi în propriul vas. Curata cartofii cat mai subtire pentru a pastra vitaminele.

900 g cartofi, curatati de coaja si taiati bucatele
90 ml/6 linguri apă clocotită
30–60 ml/2–4 linguri de unt sau margarină
90 ml/6 linguri lapte caldut

Sare și piper negru proaspăt măcinat

Puneți bucățile de cartofi în 1,75 L/3pt/7½ căni de apă. Acoperiți cu folie de plastic (folie de plastic) și deschideți de două ori pentru a permite aburului să iasă. Gătiți la putere maximă timp de 15-16 minute, întorcând tigaia de patru ori până se înmoaie. Se scurge daca este necesar si se framanta bine, batand alternativ untul sau margarina si laptele. Sezon. Când este ușor și pufos, pufează-l cu o furculiță și reîncălzește-l neacoperit la Full timp de 2-2½ minute.

Cartofi cremosi cu patrunjel

Porție 4-6

Pregătiți ca o cremă de cartofi, dar amestecați 45-60 ml/3-4 linguri de pătrunjel tocat cu condimente. Se încălzește încă 30 de secunde.

Cartofi cremosi cu branza

Porție 4-6

Pregătiți ca cartofii smântâni, dar adăugați 125 g/1 cană de brânză tare rasă cu condimente. Se încălzește încă 1 minut și jumătate.

Cartofi Maghiari Cu Paprika

Porti 4

50 g/2 oz/¼ cană margarină sau untură
1 ceapa mare, tocata marunt
750 g cartofi tăiați în bucăți mici
45 ml/3 linguri fulgi de boia uscată
10 ml/2 lingurite boia de ardei
5 ml/1 lingurita sare
300 ml/½ pt/1¼ cană apă clocotită
60 ml/4 linguri de smântână

Puneți margarina sau untura într-un vas de 1,75 L/3pt/7½ cani. Gătiți neacoperit la Full timp de 2 minute până sfârâie. Adăugați ceapa. Gătiți neacoperit la Full timp de 2 minute. Se adauga cartofii, fulgii de piper, boia de ardei, sarea si apa clocotita. Acoperiți cu folie de plastic (folie de plastic) şi deschideți de două ori pentru a permite aburului să iasă. Gătiți la putere maximă timp de 20 de minute, întorcând tigaia de patru ori. Se lasa deoparte 5 minute. Se aseaza pe farfurii incalzite si se presara pe fiecare 15 ml/1 lingura crema.

Cartofi delfini

Porții 6

Gratin Dauphinoise - unul dintre cele mai bune preparate franțuzești și o experiență de savurat. Se serveste cu salata cu frunze sau rosii prajite, sau ca garnitura pentru carne, pasare, peste si oua.

900 g cartofi ceruri, tăiați în felii foarte subțiri
1-2 catei de usturoi macinati
75 ml/5 linguri unt topit sau margarina
175 g/6 oz/1½ cani de brânză Emmental sau Gruyère (elvețiană)
Sare și piper negru proaspăt măcinat
300 ml/½ pt/1¼ cană lapte integral
Piper

Pentru a înmuia cartofii, puneți-i într-un castron mare și turnați peste apă clocotită. Se lasa 10 minute si apoi se strecoara. Combina usturoiul cu unt sau margarina. Unge un vas adanc cu diametrul de 25 cm/10 cu unt. Începând și terminând cu cartofii, umpleți vasul cu straturi alternative de felii de cartofi, 2/3 din brânză și 2/3 din amestecul de unt, presărând sare și piper între straturi. Turnați cu grijă laptele peste marginile vasului și stropiți cu brânză rămasă și unt de usturoi. Se presară cu boia de ardei. Acoperiți cu folie de plastic (folie de plastic) și deschideți de două ori pentru a permite aburului să iasă. Gătiți la putere maximă timp de 20 de minute, întorcând tigaia de patru ori. Cartofii ar trebui să fie ușor al dente, ca pastele, dar dacă îi preferați mai moi, fierbeți la Full încă 3-5 minute. Se lasa sa se odihneasca 5 minute, se descopera si se serveste.

Cartofi Savoy

Porți 6

Pregătiți ca Potato Dauphine, dar înlocuiți laptele cu bulion sau jumătate vin alb și jumătate bulion.

Cartofi de castel

Porți 6

Pregătiți ca Dauphine de cartofi, dar înlocuiți laptele cu cidru mediu.

Cartofi în sos de unt de migdale

Porție 4-5

450 g cartofi noi, curatati si curatati
30 ml/2 linguri de apă
75 g/3 oz/1/3 cană unt nesarat (dulce)
75 g / 3 oz / ¾ cană fulgi de migdale (tăiate), prăjite și zdrobite
15 ml/1 lingură suc proaspăt de lămâie

Puneți cartofii într-o tigaie cu apă de 1,5 L/2½ pt/6 cani. Acoperiți cu folie de plastic (folie de plastic) și deschideți de două ori pentru a permite aburului să iasă. Gatiti la putere maxima timp de 11-12 minute pana se inmoaie. Dați deoparte pentru a pregăti sosul. Pune untul într-o cană de măsurare și se topește neacoperit la decongelare timp de 2-2½ minute. Adăugați restul ingredientelor. Se adauga cartofii scursi si se serveste.

Roșii cu muștar și lămâie

Porti 4

Aroma proaspătă condimentată face roșia atractivă ca garnitură pentru miel și carne de pasăre, precum și somon și macrou.

4 roșii mari, tăiate în jumătate pe orizontală
Sare și piper negru proaspăt măcinat
5 ml/1 lingurita coaja de lamaie rasa fin
30 ml/2 linguri muștar integral
1 suc de lamaie

Aranjați roșiile într-un cerc, tăiate în sus, rotunjind marginea unei farfurii mari. Se presară cu sare și piper. Se amestecă bine restul ingredientelor și se întinde peste roșii. Gătiți neacoperit la Full timp de 6 minute, întorcând vasul de trei ori. Se lasa deoparte 1 minut.

Castraveți înăbușiți

Porti 4

1 castravete decojit
30 ml/2 linguri de unt sau margarina la temperatura de fierbere
2,5–5 ml/½–1 linguriță sare
30 ml/2 linguri patrunjel tocat sau coriandru (coriandru)

Tăiați castravetele în felii foarte subțiri, lăsați-l să se odihnească 30 de minute și apoi stoarceți-l într-un prosop de bucătărie curat (prosop de ceai). Pune untul sau margarina într-un vas de 1,25 L/2¼pt/5½ cană și se topește neacoperit la dezghețare timp de 1-1½ minute. Se amestecă castravetele și sarea, amestecând ușor, până când se îmbină bine cu unt. Acoperiți cu o farfurie și gătiți la foc mare timp de 6 minute, amestecând de două ori. Acoperiți și amestecați cu pătrunjel sau coriandru.

Castraveți înăbușiți Pernod

Porti 4

Se prepară ca un castravete fiert, dar se adaugă 15 ml/1 lingură pernod de castraveți.

măduva spaniolă

Porti 4

Adaos de vară pentru păsări și pești.

15 ml/1 lingură ulei de măsline
1 ceapa mare, curatata si tocata
3 roșii mari, albite, decojite și feliate
450 g/lb măduvă (dovleac), curățată și tăiată cubulețe
15 ml/1 lingura maghiran sau oregano tocat
5 ml/1 lingurita sare
Piper negru proaspăt măcinat

Încinge uleiul într-o tigaie de 1,75 L/3pt/7½ cană, descoperită, la foc mare, timp de 1 minut. Adăugați ceapa și roșiile. Acoperiți cu o farfurie și gătiți la foc mare timp de 3 minute. Se amestecă toate celelalte ingrediente, adăugând piper după gust. Acoperiți cu o farfurie și gătiți la foc mare timp de 8-9 minute până când măduva este fragedă. Se lasa 3 minute.

caserolă cu dovlecel și roșii

Porti 4

3 roșii, albite, decojite și tocate gros
4 dovlecei (dovlecei), tăiați de sus, tăiați în coadă și tăiați în felii subțiri
1 ceapa tocata
15 ml/1 lingură malț sau oțet de orez
30 ml/2 linguri patrunjel tocat
1 cățel de usturoi zdrobit
Sare și piper negru proaspăt măcinat
75 ml/5 linguri brânză Cheddar sau Emmental rasă

Pune roșiile, dovlecelul, ceapa, oțetul, pătrunjelul și usturoiul într-un vas adânc de 20 cm/8 cm. Asezonați după gust și amestecați bine. Acoperiți cu folie de plastic (folie de plastic) și deschideți de două ori pentru a permite aburului să iasă. Gătiți la putere maximă timp de 15 minute, întorcând tigaia de trei ori. Descoperiți și stropiți cu brânză. Se rumenește convențional pe grătar (grătar) sau, pentru a economisi timp, se întoarce la cuptorul cu microunde și se încălzește la putere maximă timp de 1-2 minute până când brânza este clocotită și se topește.

Dovlecel cu ienupări

Porție 4-5

8 boabe de ienupăr
30 ml/2 linguri de unt sau margarină
450 g dovlecei dovlecei, acoperiți cu coadă și tăiați în felii subțiri
2,5 ml/½ linguriță sare
30 ml/2 linguri patrunjel tocat

Zdrobiți ușor boabele de ienupăr cu vârful unei linguri de lemn. Pune untul sau margarina într-un vas adânc cu diametrul de 20 cm/8. Se topește neacoperit la dezghețare timp de 1-1½ minute. Se amestecă boabele de ienupăr, dovlecelul și sarea și se întinde într-un strat uniform pentru a acoperi fundul vasului. Acoperiți cu folie de plastic (folie de plastic) și deschideți de două ori pentru a permite aburului să iasă. Gătiți la putere maximă timp de 10 minute, întorcând tigaia de patru ori. Se lasa deoparte 2 minute. Descoperiți și stropiți cu pătrunjel.

Foi de unt chinezesc Pernod

Porti 4

O încrucișare între textura și aroma salatei de varză și salată tare, frunzele chinezești fac o legumă gătită foarte arătosă și sunt mult îmbunătățite prin adăugarea de Pernod, care adaugă o notă delicată și subtilă de anason.

675 g / 1½ lb frunze chinezești mărunțite
50 g/2 oz/¼ cană unt sau margarină
15 ml/1 lingură de Pernod
2,5–5 ml/½–1 linguriță sare

Puneți frunzele tăiate într-un vas de 2L/3½ pt/8½ cani. Într-un castron separat, topește untul sau margarina pentru a se dezgheța timp de 2 minute. Se adauga varza cu pernod si sare si se amesteca usor. Acoperiți cu o farfurie și gătiți la foc mare timp de 12 minute, amestecând de două ori. Se lasa deoparte 5 minute inainte de servire.

Germen chinezesc de fasole

Porti 4

450 g muguri de fasole proaspeți
10 ml/2 lingurițe sos de soia închis
5 ml/1 linguriță sos Worcestershire
5 ml/1 lingurita sare de ceapa

Se amestecă toate ingredientele într-un bol mare. Transferați într-un refractar adânc cu diametrul de 20 cm/8 (cuptor olandez). Acoperiți cu o farfurie și gătiți la foc mare timp de 5 minute. Lasam sa se odihneasca 2 minute, amestecam si servim.

Morcovi cu portocale

Porție 4-6

50 g/2 oz/¼ cană unt sau margarină
450 g/1 1/2 morcov ras
1 ceapa rasa
15 ml/1 lingură suc proaspăt de portocale
5 ml/1 lingurita coaja de portocala rasa fin
5 ml/1 lingurita sare

Pune untul sau margarina într-un vas adânc cu diametrul de 20 cm/8. Se topește neacoperit la dezghețare timp de 1 1/2 minute. Adăugați toate celelalte ingrediente și amestecați bine. Acoperiți cu folie de plastic (folie de plastic) și deschideți de două ori pentru a permite aburului să iasă. Gătiți la putere maximă timp de 15 minute, întorcând tigaia de două ori. Lasati sa se odihneasca 2-3 minute inainte de servire.

Cicoare înăbușită

Porti 4

*Un aperitiv de legume neobișnuit cu o aromă ușoară de sparanghel.
Serviți cu preparate cu ouă și carne de pasăre.*

*4 capete de cicoare (cicoare belgiana)
30 ml/2 linguri de unt sau margarină
1 cub bulion de legume
15 ml/1 lingură apă clocotită
2,5 ml/½ linguriță sare de ceapă
30 ml/2 linguri suc de lamaie*

Tăiați cicoarea, aruncând orice frunze exterioare învinețite sau deteriorate. Scoateți miezul în formă de con de la baza fiecăruia pentru a reduce amărăciunea. Tăiați cicoarea în felii groase de 1,5 cm/½ și puneți-le într-un vas rezistent la cuptor de 1,25 L/2¼ pt/5½ cană (cuptor olandez). Se topește separat untul sau margarina la dezghețare timp de 1 1/2 minute. Se toarnă peste cicoare. Puneti cubul de bulion in apa clocotita, adaugati sare si zeama de lamaie. Se pune peste cicoare. Acoperiți cu folie de plastic (folie de plastic) și deschideți de două ori pentru a permite aburului să iasă. Gătiți la putere maximă timp de 9 minute, întorcând tigaia de trei ori. Lăsați să se odihnească 1 minut înainte de a servi cu sucurile din vase.

Morcov înăbușit cu lămâie

Porti 4

Preparat portocaliu intens de morcovi, destinat tocanitelor din carne si vanat.

450 g morcovi, tăiați în felii subțiri
60 ml/4 linguri apă fiartă
30 ml/2 linguri de unt
1,5 ml/¼ linguriță de turmeric
5 ml/1 lingurita coaja de lamaie rasa fin

Puneți morcovii într-o tigaie de 1,25 L/2¼pt/5½ căni de apă clocotită. Acoperiți cu folie de plastic (folie de plastic) și deschideți de două ori pentru a permite aburului să iasă. Gătiți la putere maximă timp de 9 minute, întorcând tigaia de trei ori. Se lasa deoparte 2 minute. Debit. Adăugați imediat untul, turmericul și coaja de lămâie. Mănâncă imediat.

Fenicul în Sherry

Porti 4

900 g de fenicul
50 g/2 oz/¼ cană unt sau margarină
2,5 ml/½ linguriță sare
7,5 ml/1½ linguriță muștar franțuzesc
30 ml/2 linguri sherry mediu uscat
2,5 ml/½ linguriță uscată sau 5 ml/1 linguriță tarhon proaspăt tocat

Se spală și se usucă mararul. Îndepărtați toate zonele maro, dar lăsați „degetele" și frunzele verzi. Topiți untul sau margarina neacoperite în timp ce decongelați timp de 1½ -2 minute. Bateți ușor restul ingredientelor. Tăiați fiecare cap de mărar în sferturi și puneți-l într-un vas adânc de 25 cm/10 diametru. Se unge cu amestecul de unt. Acoperiți cu o farfurie și gătiți la putere maximă timp de 20 de minute, întorcând farfuria de patru ori. Lăsați să se odihnească timp de 7 minute înainte de servire.

Praz tocănit în vin cu șuncă

Porti 4

5 praz îngust, însumând aproximativ 450g/1lb
30 ml/2 linguri de unt sau margarina la temperatura de fierbere
225 g/8 oz/2 cesti sunca fiarta tocata
60 ml/4 linguri vin rosu
Sare și piper negru proaspăt măcinat

Tăiați capetele porilor, apoi tăiați toate, cu excepția 10 cm/4 inchi, din „fusta" verde. Tăiați cu grijă prazul în jumătate pe lungime, aproape până la vârf. Spălați bine între frunze sub jet de apă rece pentru a îndeparta orice murdărie sau nisip. Puneți untul sau margarina într-un vas de 25 x 20 cm. Topiți la decongelare timp de 1-1½ minute, apoi periați fundul și părțile laterale. Aranjați prazul într-un singur strat pe fund. Stropiți cu șuncă și vin și asezonați. Acoperiți cu folie de plastic (folie de plastic) și deschideți de două ori pentru a permite aburului să iasă. Gătiți la putere maximă timp de 15 minute, întorcând tigaia de două ori. Se lasa deoparte 5 minute.

Praz prajit

Porti 4

5 praz îngust, însumând aproximativ 450g/1lb
30 ml/2 linguri de unt sau margarină
60 ml/4 linguri bulion de legume
Sare și piper negru proaspăt măcinat

Tăiați capetele porilor, apoi tăiați toate, cu excepția 10 cm/4 inchi, din „fusta" verde. Tăiați cu grijă prazul în jumătate pe lungime, aproape până la vârf. Spălați bine între frunze sub jet de apă rece pentru a îndeparta orice murdărie sau nisip. Tăiați în felii groase de 1,5 cm/½. Puneți într-un vas rezistent la cuptor de 1,75 L/3pt/7½ cani (cuptor olandez). Într-un castron separat, topește untul sau margarina pentru a se dezgheța timp de 1 1/2 minute. Se adauga bulionul si se condimenteaza bine dupa gust. O lingură peste praz. Acoperiți cu o farfurie și gătiți la foc mare timp de 10 minute, amestecând de două ori.

Țelină prăjită

Porti 4

Se prepară ca gratinat de praz, dar înlocuiește prazul cu 450 g/lb de țelină spălată. Dacă doriți, adăugați o ceapă mărunțită și gătiți încă 1 minut și jumătate.

Ardei umpluti cu carne

Porti 4

4 ardei (verzi)
30 ml/2 linguri de unt sau margarină
1 ceapa tocata
225 g/8 oz/2 cani carne de vită macră tocată (tocată)
30 ml/2 linguri de orez cu bob lung
5 ml/1 lingurita de ierburi uscate amestecate
5 ml/1 lingurita sare
120 ml/4 oz/¼ cană apă fierbinte

Tăiați capetele ardeilor și puneți deoparte. Aruncați fibrele interioare și semințele de la fiecare ardei. Tăiați o bandă subțire din fiecare bază, astfel încât acestea să stea în poziție verticală fără să se răstoarne. Puneți untul sau margarina în tigaie și încălziți la foc mare timp de 1 minut. Adăugați ceapa. Gătiți fără acoperire la Full timp de 3 minute. Adăugați carnea, rupând-o cu o furculiță. Gătiți fără acoperire la Full timp de 3 minute. Adăugați orezul, ierburile, sarea și 60 ml/4 linguri de apă. Se toarnă amestecul în ardei. Aranjați-le vertical și închideți-le într-un vas adânc și curat. Puneți la loc capacele și turnați apa rămasă în vasul din jurul ardeilor pentru a face sosul. Acoperiți cu folie de plastic (folie de plastic) și deschideți de două ori pentru a permite aburului să iasă. Gătiți la putere maximă timp de 15 minute, întorcând tigaia de două ori. Se lasa deoparte 10 minute inainte de servire.

Ardei umpluti cu carne cu rosii

Porti 4

Se prepara ca ardeii umpluti cu carne, dar inlocuiti apa cu suc de rosii indulcit cu 10 ml/2 lingurite de zahar tos.

Ardei Umpluți De Curcan Cu Lămâie și Cimbru

Porti 4

Se prepară ca ardei umpluți cu carne, dar înlocuiți carnea cu curcan tocat și un amestec de ierburi 2,5 ml/½ linguriță de cimbru. Adăugați 5 ml/1 linguriță de coajă de lămâie rasă.

Ciuperci cu crema poloneza

Porții 6

Frecvent în Polonia și Rusia, unde ciupercile ocupă un loc proeminent pe fiecare masă. Mănâncă cu cartofi noi și ouă fierte.

30 ml/2 linguri de unt sau margarină
450 g ciuperci
30 ml/2 linguri faina de porumb (faina de porumb)
30 ml/2 linguri apă rece
300 ml/½ pt/1 ¼ cană smântână groasă (smântână)
10 ml/2 lingurițe sare

Puneți untul sau margarina într-un vas adânc de 2,25 L/4 unități/10 căni. Se topește neacoperit la dezghețare timp de 1 1/2 minute. Se amestecă ciupercile. Acoperiți cu o farfurie și gătiți la foc mare timp de 5 minute, amestecând de două ori. Se amestecă făina de porumb cu apa până se omogenizează și se adaugă smântâna. Se amestecă ușor cu ciupercile. Se acoperă ca mai înainte și se fierbe la foc mare timp de 7-8 minute, amestecând de trei ori, până devine groasă și cremoasă. Adăugați sare și mâncați imediat.

Ciuperci cu piper

serveste 6

Se prepară ca ciupercile poloneze, dar înainte de a se topi, adăugați 1 cățel de usturoi zdrobit în unt sau margarină. Se amestecă 15 ml/1 lingură fiecare piure de roșii și ardei cu ciuperci. Serviți cu niște paste.

Ciuperci curry

serveste 6

Se prepară ca ciupercile în stil polonez, dar înainte de a se topi adăugați 15-30 ml/1-2 linguri de pastă blândă de curry și un cățel de usturoi zdrobit în unt sau margarină. Inlocuiti crema cu iaurt natural gros si adaugati 10 ml/2 lingurite de zahar fin cu sare. Serviți cu orez.

Dhal Linte

Porții 6-7

Destinct oriental cu rădăcini în India, acest dhal de linte este asezonat cu nenumărate condimente și poate fi servit ca garnitură la un curry sau singur cu orez pentru o masă sățioasă și hrănitoare.

50 g/2 oz/¼ cană ghee, unt sau margarină

4 cepe tocate

1-2 catei de usturoi macinati

225g/8oz/1 1/3 cană linte portocalie, clătită bine

5 ml/1 lingurita turmeric

5 ml/1 lingurita boia de ardei

2,5 ml/½ linguriță de ghimbir măcinat

20 ml/4 lingurițe garam masala

1,5 ml/¼ linguriță piper cayenne

Semințe din 4 păstăi verzi de cardamom

15 ml/1 lingură piure de roșii (pastă)

750 ml/1¼ pct/3 căni de apă clocotită

7,5 ml/1½ linguriță sare

Frunze de coriandru tocate, pentru ornat

Puneți ghee-ul, untul sau margarina într-un vas rezistent la cuptor de 1,75 L/3pt/7½ cani (cuptor olandez). Se încălzește, neacoperit, la plin timp de 1 minut. Amestecați ceapa și usturoiul. Acoperiți cu o farfurie și gătiți la foc mare timp de 3 minute. Se amestecă toate celelalte ingrediente. Acoperiți cu o farfurie și gătiți la foc mare timp de 15 minute, amestecând de patru ori. Se lasa 3 minute. Dacă este prea groasă pentru gustul tău, diluează-l cu puțină apă clocotită. Se ornează cu coriandru și se clătește cu o furculiță înainte de servire.

Dhal cu ceapă și roșii

Porții 6-7

3 cepe
50 g/2 oz/¼ cană ghee, unt sau margarină
1-2 catei de usturoi macinati
225g/8oz/1 1/3 cană linte portocalie, clătită bine
3 roșii, albite, decojite și feliate
5 ml/1 lingurita turmeric
5 ml/1 lingurita boia de ardei
2,5 ml/½ linguriță de ghimbir măcinat
20 ml/4 lingurițe garam masala
1,5 ml/¼ linguriță piper cayenne
Semințe din 4 păstăi verzi de cardamom
15 ml/1 lingură piure de roșii (pastă)
750 ml/1¼ pct/3 căni de apă clocotită
7,5 ml/1½ linguriță sare
1 ceapa mare taiata in felii subtiri
10 ml/2 lingurite ulei de floarea soarelui sau de porumb

Tăiați 1 ceapă în felii subțiri și tocați restul. Puneți ghee-ul, untul sau margarina într-un vas rezistent la cuptor de 1,75 L/3pt/7½ cani (cuptor olandez). Se încălzește, neacoperit, la plin timp de 1 minut. Amesteca ceapa tocata si usturoiul. Acoperiți cu o farfurie și gătiți la foc mare timp de 3 minute. Se amestecă toate celelalte ingrediente. Acoperiți cu o farfurie și gătiți la foc mare timp de 15 minute, amestecând de patru ori. Se lasa 3 minute. Dacă este prea groasă pentru gustul tău, diluează-l cu puțină apă clocotită. Separați ceapa feliată în rondele și prăjiți (prăjiți) convențional în ulei până devine ușor auriu și crocant. Inainte de a servi garnisit cu rondele de ceapa, pufeaza dahl-ul cu o furculita. (Ca alternativă, sări peste ceapa tocată și ornat cu ceapă prăjită gata făcută, disponibilă în supermarketuri.)

Madras de legume

Porti 4

25 g/1 oz/2 linguri ghee sau 15 ml/1 lingura ulei de arahide
1 ceapa decojita si tocata
1 praz, curatat si tocat
2 catei de usturoi macinati
15 ml/1 lingură pudră de curry picant
5 ml/1 lingurita chimen praf
5 ml/1 linguriță garam masala
2,5 ml/½ linguriță turmeric
Suc de 1 lămâie mică
150 ml/¼ pt/2/3 cană bulion de legume
30 ml/2 linguri piure de roșii (pastă)
30 ml/2 linguri caju prajite
450 g rădăcini amestecate fierte, tăiate cubulețe
175 g/6 oz/¾ cană orez brun, fiert
Pops de servit

Puneți ghee-ul sau uleiul într-un recipient de 2,5 L/4½pt/11 cani. Se încălzește, neacoperit, la plin timp de 1 minut. Adăugați ceapa, prazul și usturoiul și amestecați bine. Gătiți fără acoperire la Full timp de 3 minute. Adăugați curry, chimen, garam masala, turmeric și suc de lămâie. Gătiți neacoperit la Full timp de 3 minute, amestecând de două ori. Adăugați bulionul, piureul de roșii și caju. Acoperiți cu o farfurie răsturnată și gătiți la foc mare timp de 5 minute. Adăugați legume. Acoperiți ca înainte și gătiți la Full timp de 4 minute. Serviți cu orez brun și popadoms.

Curry de legume mixte

Porți 6

1,6 kg / 3½ lb de legume amestecate, cum ar fi ardei roșu sau verde; dovlecel (dovlecel); vinete nedecojite (vinete); morcov; cartofi; varza de Bruxelles sau broccoli; ceapă; porii

30 ml/2 linguri ulei de arahide sau de porumb

2 catei de usturoi macinati

60 ml/4 linguri piure de roșii (pastă)

45 ml/3 linguri garam masala

30 ml/2 linguri pudră de curry ușoară, medie sau fierbinte

5 ml/1 lingurita coriandru macinat (coriandru)

5 ml/1 lingurita chimen praf

15 ml/1 lingură sare

1 frunză mare de dafin

400 g/14 oz/1 cutie mare de roșii tocate

15 ml/1 lingură zahăr fin (foarte fin)

150 ml/¼ pt/2/3 cană apă clocotită

250 g / 9 oz / generos 1 cană orez basmati fiert sau orez cu bob lung

Iaurt natural gros pentru servire

Pregătiți toate legumele după tip. Tăiați în cuburi mici sau felii dacă doriți. Puneți într-un vas adânc de 2,75 litri/5 pt/12 căni. Se amestecă toate celelalte ingrediente, cu excepția apei clocotite și a orezului. Acoperiți cu o farfurie mare și gătiți la foc mare timp de 25-30 de minute, amestecând de patru ori, până când legumele sunt fragede, dar încă ferme. Scoateți frunza de dafin, amestecați cu apă și asezonați după gust - curry-ul poate avea nevoie de mai multă sare. Se serveste cu orez si un bol cu iaurt natural gros.

Salată mediteraneană în jeleu

Porți 6

300 ml/½ pt/1¼ cană bulion de legume rece sau apă de gătit pentru legume

15 ml/1 lingură gelatină pudră

45 ml/3 linguri suc de rosii

45 ml/3 linguri vin rosu

1 ardei verde (clopot), tocat si taiat fasii

2 roșii, albite, decojite și feliate

30 ml/2 linguri capere scurse

50 g / 2 oz / ¼ cană castraveți mărunțiți (cornișori)

12 măsline umplute, feliate

10 ml/2 lingurite sos de hamsii

Turnați 45 ml/3 linguri de bulion sau apă de legume într-un bol. Adăugați gelatină. Se lasa deoparte 5 minute sa se inmoaie. Se topește neacoperit la dezghețare timp de 2-2½ minute. Se amestecă bulionul rămas cu sucul de roșii și vinul. Se acopera cand se raceste si se da la frigider pana incepe sa se ingroase si sa se intareasca. Puneti fasiile de ardei intr-un bol si turnati peste ele apa clocotita. Se lasa 5 minute sa se inmoaie si apoi se strecoara. Pentru a obține un jeleu gros, amestecați roșiile și fâșiile de ardei cu celelalte ingrediente. Se toarnă într-o formă sau un bol de gelatină umezită de 1,25 L/2¼pt/5½ căni. Acoperiți și lăsați la frigider câteva ore până se întăresc. Pentru a servi, scufundați o tigaie sau un castron într-un castron cu apă fierbinte pentru a se slăbi, apoi treceți ușor un cuțit fierbinte și umed pe părțile laterale. Se intoarce pe o farfurie umeda inainte de servire. (Umezirea previne lipirea jeleului.)

Salată grecească în jeleu

Porți 6

Faceți o salată mediteraneană cu gelatină, dar omiteți caperele și cornișii. Adăugați 125 g/1 cană brânză feta tăiată mărunt și 1 ceapă măruntită. Înlocuiți măslinele negre umplute fără sâmburi.

Salata ruseasca cu dulceata

Porți 6

Pregătiți ca și pentru salata de jeleu mediteranean, dar înlocuiți sucul de roșii și vinul cu 90 ml/6 linguri de maioneză, iar roșiile și ardeii cu 225g/8oz/2 căni de morcovi și cartofi tăiați cubulețe. Adăugați 30 ml/2 linguri de mazăre fiartă.

Salată de guli-rave cu maioneză de muştar

Porţi 6

Kohlrabi 900 g/2 lb
75 ml/5 linguri apă clocotită
5 ml/1 lingurita sare
10 ml/2 linguriţe suc de lămâie
60-120 ml/4-6 linguri maioneza groasa
10-20 ml/2-4 linguriţe muştar integral
Ridichi feliate, pentru decor

Gui-rabe se curăţă grosier, se spală bine şi se taie în opt bucăţi. Puneţi într-un recipient de 1,25 L/3pt/7½ cană cu apă, sare şi suc de lămâie. Acoperiţi cu folie de plastic (folie de plastic) şi deschideţi de două ori pentru a permite aburului să iasă. Gătiţi la putere maximă timp de 10-15 minute, întorcând tigaia de trei ori până se înmoaie. Scurgeţi şi tocaţi sau cubuleţe şi puneţi într-un castron. Amestecaţi maioneza şi muştarul şi aruncaţi guli-rabe în acest amestec până când bucăţile sunt bine acoperite. Transferaţi pe un platou şi decoraţi cu felii de ridichi.

Cești de sfeclă roșie, țelină și mere

Porți 6

60 ml/4 linguri apă rece
15 ml/1 lingură gelatină pudră
225 ml/8 fl oz/1 cană suc de mere
30 ml/2 linguri otet de zmeura
5 ml/1 lingurita sare
225 g sfeclă roșie fiartă (nu murată), rasă grosier
1 mar comestibil (desert), curatat de coaja si ras grosier
1 tulpină de țelină, tăiată în bețișoare subțiri de chibrit
1 ceapa mica tocata

Turnați 45 ml/3 linguri de apă rece într-un castron mic și adăugați gelatina. Se lasa deoparte 5 minute sa se inmoaie. Se topește neacoperit la dezghețare timp de 2-2½ minute. In apa rece ramasa se amesteca cu sucul de mere, otetul si sarea. Se acopera cand se raceste si se da la frigider pana incepe sa se ingroase si sa se intareasca. Adăugați sfecla roșie, mărul, țelina și ceapa în jeleul parțial întărit și amestecați ușor până se omogenizează bine. Se pune în șase cești mici umezite, se acoperă și se da la frigider până când sunt fermi și fermi. Apar pe farfurii individuale.

Căni Mock Waldorf

Porți 6

Se prepară ca sfeclă roșie, țelină și măr, dar se adaugă 30 ml/2 linguri de nucă mărunțită cu legume și măr.

salata de telina cu usturoi, maioneza si fistic

Porți 6

900 g țelină (rădăcină de țelină)
300 ml/½ pt/1¼ cană apă rece
15 ml/1 lingură suc de lămâie
7,5 ml/1½ linguriță sare
1 cățel de usturoi zdrobit
45 ml/3 linguri fistic tocat grosier
60-120 ml/4-8 linguri maioneza groasa
Frunze de radicchio și fistic întregi pentru ornat

Se curăță țelina, se spală bine și se taie în opt bucăți. Puneți într-un recipient de 2,25 litri/4 unități/10 căni cu apă, suc de lămâie și sare. Acoperiți cu folie de plastic (folie de plastic) și deschideți de două ori pentru a permite aburului să iasă. Gătiți la putere maximă timp de 20 de minute, întorcând tigaia de patru ori. Scurgeți, tăiați și puneți într-un bol. Se adauga usturoiul si fisticul tocat. Cât este încă fierbinte, amestecați cu maioneza până când bucățile de țelină sunt acoperite complet. Transferați pe o farfurie de servire. Se decorează cu frunze de radicchio și fistic, dacă este posibil încă puțin cald, înainte de servire.

Salată continentală de țelină

Porti 4

Combinația de arome excelente și complementare face ca această salată festivă să fie potrivită cu curcan rece și șuncă.

750 g țelină (rădăcină de țelină)
75 ml/5 linguri apă clocotită
5 ml/1 lingurita sare
10 ml/2 lingurițe suc de lămâie
Pentru sos:
30 ml/2 linguri ulei de porumb sau floarea soarelui
15 ml/1 lingură de malț sau oțet de mere
15 ml/1 lingură muștar
2,5–5 ml/½–1 linguriță de chimen
1,5 ml/¼ linguriță sare
5 ml/1 lingurita zahar fin
Piper negru proaspăt măcinat

Curățați grosier țelina și tăiați-o în cuburi mici. Puneți într-un recipient de 1,75 litri/3 pt/7½ cani. Adăugați apă clocotită, sare și zeama de lămâie. Acoperiți cu folie de plastic (folie de plastic) și deschideți de două ori pentru a permite aburului să iasă. Gătiți la putere maximă timp de 10-15 minute, întorcând tigaia de trei ori până se înmoaie. Debit. Bateți bine toate celelalte ingrediente. Se adaugă în țelina fierbinte și se amestecă bine. Acoperiți și lăsați să se răcească. Se serveste la temperatura camerei.

Salata de telina cu bacon

Porti 4

Pregătiți ca salata de țelină continentală, dar adăugați 4 felii de slănină crocantă la grătar (prăjită) și mărunțită în același timp cu dressingul.

Salată de anghinare cu ardei și ou în sos cald

Porți 6

400 g/14 oz/1 inimă mare de anghinare, scursă
400 g/14 oz/1 cutie mare ardei roșu, scurs
10 ml/2 lingurite otet de vin rosu
60 ml/4 linguri suc de lamaie
125 ml/4 oz/½ cană ulei de măsline
1 cățel de usturoi zdrobit
5 ml/1 lingurita mustar continental
5 ml/1 lingurita sare
5 ml/1 lingurita zahar fin
4 oua mari fierte (fierte), curatate de coaja si ras
225 g/2 cană brânză feta, tăiată cubulețe

Tăiați anghinarea în jumătate și ardeii fâșii. Stivuiți alternativ o farfurie mare, lăsând o depresiune în mijloc. Într-un castron mic, adăugați oțetul, sucul de lămâie, uleiul de măsline, usturoiul, muștarul, sarea și zahărul. Se incinge, neacoperit, maxim 1 minut, batand de doua ori. Aranjați ouăle și brânza într-o grămadă în centrul salatei și stropiți ușor cu dressingul cald.

Umplutura cu salvie si ceapa

225-275g/8-10oz/1 1/3-12/3 cană

Pentru carnea de porc.

25 g/2 linguri de unt sau margarină
2 cepe prefierte (vezi tabel pagina 45), tocate
125 g/4 oz/2 cani pesmet alb sau maro
5 ml/1 linguriță de salvie uscată
Puțină apă sau lapte
Sare și piper negru proaspăt măcinat

Puneți untul sau margarina într-un recipient de 1 litru/1¾ parte/4¼ cană. Se încălzește, neacoperit, la plin timp de 1 minut. Adăugați ceapa. Gătiți neacoperit la Full timp de 3 minute, amestecând în fiecare minut. Se amestecă pesmetul și salvia și suficientă apă sau lapte pentru a forma o consistență sfărâmicioasă. Asezonați după gust. Folosiți rece.

Umplutură de țelină și pesto

225-275g/8-10oz/11/3-12/3 cană

Pentru pești și păsări.

Se prepară ca umplutura de salvie și ceapă, dar înlocuiește ceapa cu 2 tulpini de țelină tocate. Adăugați 10 ml/2 lingurițe de pesto verde înainte de condimentare.

Umplutura cu praz si rosii

225-275g/8-10oz/11/3-12/3 cană

Pentru carne si pasare.

25 g/2 linguri de unt sau margarină
2 praz, doar partea albă, tăiate foarte fin
2 roșii, albite, decojite și feliate
125 g/4 oz/2 cani de pesmet alb proaspăt
Sare și piper negru proaspăt măcinat
Supa de pui dacă se dorește

Puneți untul sau margarina într-un recipient de 1 litru/1¾ parte/4¼ cană. Se încălzește, neacoperit, la plin timp de 1 minut. Adăugați prazul. Gătiți neacoperit la Full timp de 3 minute, amestecând de trei ori. Se amestecă roșiile și pesmetul și se condimentează după gust. Legați cu stoc dacă este necesar. Folosiți rece.

Umplutura de bacon

225-275g/8-10oz/1 1/3-1 2/3 cană

Pentru carne, pasare si peste cu aroma puternica.

4 felii (felii) slănină slabă, tăiate în bucăți mici
25 g/2 linguri de unt, margarină sau untură
125 g/4 oz/2 cani de pesmet alb proaspăt
5 ml/1 linguriță sos Worcestershire
5 ml/1 lingurita mustar
2,5 ml/½ linguriță amestecuri de plante uscate
Sare și piper negru proaspăt măcinat
Lapte dacă este necesar

Puneți baconul într-o tigaie de 1 litru/1¾ parte/4¼ cană cu unt, margarină sau untură. Gătiți neacoperit la Full timp de 2 minute, amestecând o dată. Adăugați pesmetul, sosul Worcestershire, muștarul și ierburile și asezonați după gust. Se amestecă cu lapte dacă este necesar.

Umplutura cu bacon si caise

225-275g/8-10oz/11/3-12/3 cană

Pentru păsări și vânătoare

Pregătiți-o ca umplutura de slănină, dar adăugați 6 jumătăți de caise bine spălate și tăiate grosier împreună cu ierburile.

Umplutura de ciuperci, lamaie si cimbru

225-275g/8-10oz/11/3-12/3 cană

Pentru păsări.

25 g/2 linguri de unt sau margarină
125 g ciuperci feliate
5 ml/1 lingurita coaja de lamaie rasa fin
2,5 ml/½ linguriță de cimbru uscat
1 cățel de usturoi zdrobit
125 g/4 oz/2 cani de pesmet alb proaspăt
Sare și piper negru proaspăt măcinat
Lapte dacă este necesar

Puneți untul sau margarina într-un recipient de 1 litru/1¾ parte/4¼ cană. Se încălzește, neacoperit, la plin timp de 1 minut. Adăugați ciupercile. Gătiți neacoperit la Full timp de 3 minute, amestecând de două ori. Se amestecă coaja de lămâie, cimbrul, usturoiul și pesmetul și se condimentează după gust. Se amestecă cu laptele numai când umplutura este pe partea uscată. Folosiți rece.

Umplutura cu ciuperci si praz

225-275g/8-10oz/1 1/3-1 2/3 cană

Pentru carne de pasare, legume si peste.

25 g/2 linguri de unt sau margarină
1 praz, doar partea alba, taiat in felii foarte subtiri
125 g ciuperci feliate
125 g/4 oz/2 cani pesmet proaspăt
30 ml/2 linguri patrunjel tocat
Sare și piper negru proaspăt măcinat
Lapte dacă este necesar

Puneți untul sau margarina într-un vas de 1,25 litri/2¼ pt/5½ cani. Se încălzește, neacoperit, la plin timp de 1 minut. Adăugați prazul și gătiți fără acoperire la plin timp de 2 minute, amestecând o dată. Se amestecă ciupercile. Gătiți neacoperit la Full timp de 2 minute, amestecând de două ori. Se adauga pesmetul si patrunjelul si se condimenteaza dupa gust. Se amestecă cu laptele numai când umplutura este pe partea uscată. Folosiți rece.

Umplutura cu sunca si ananas

225-275g/8-10oz/1 1/3-1 2/3 cană

Pentru păsări.

25 g/2 linguri de unt sau margarină
1 ceapa tocata
1 inel de ananas proaspăt, pulpă decojită și tocată
75 g sunca fiarta tocata
125 g/4 oz/2 cani de pesmet alb proaspăt
Sare și piper negru proaspăt măcinat

Puneți untul sau margarina într-un recipient de 1 litru/1¾ parte/4¼ cană. Se încălzește, neacoperit, la plin timp de 1 minut. Adăugați ceapa. Gătiți neacoperit la Full timp de 2 minute, amestecând o dată. Adăugați ananasul și șunca. Gătiți neacoperit la Full timp de 2 minute, amestecând de două ori. Deschideți pesmetul și asezonați după gust. Folosiți rece.

Umplutura asiatica cu ciuperci si caju

225-275g/8-10oz/11/3-12/3 cană

Pentru păsări și pești.

25 g/2 linguri de unt sau margarină
6 cepe primare (salote), tocate
125 g ciuperci feliate
125 g/4 oz/2 cani pesmet proaspăt
45 ml/3 linguri caju prajite
30 ml/2 linguri frunze de coriandru (coriandru)
Sare și piper negru proaspăt măcinat
Sos de soia, dacă este necesar

Puneți untul sau margarina într-un vas de 1,25 litri/2¼ pt/5½ cani. Se încălzește, neacoperit, la plin timp de 1 minut. Adăugați ceapa. Gătiți neacoperit la Full timp de 2 minute, amestecând o dată. Se amestecă ciupercile. Gătiți neacoperit la Full timp de 2 minute, amestecând de două ori. Adauga pesmetul, caju si coriandru si asezoneaza dupa gust. Acoperiți cu sos de soia numai dacă umplutura este pe partea uscată. Folosiți rece.

Umplutura cu sunca si morcovi

225-275g/8-10oz/11/3-12/3 cană

Pentru păsări de curte, miel și vânat.

Se prepară ca umplutură de şuncă şi ananas, dar înlocuieşte ananasul cu 2 morcovi rasi.

Umplutura cu sunca, banana si porumb

225-275g/8-10oz/11/3-12/3 cană

Pentru păsări.

Pregătiți-o ca umplutură de şuncă şi ananas, dar înlocuiți cu 1 banană mică, piure grosier, în loc de ananas. Adăugați 30 ml/2 linguri de porumb şi pesmet.

umplutură italiană

225-275g/8-10oz/1 1/3-1 2/3 cană

Pentru miel, pasare si peste.

30 ml/2 linguri ulei de măsline
1 catel de usturoi
1 tulpină de țelină tocată
2 roșii, albite, decojite și tocate gros
12 măsline negre fără sâmburi, tăiate în jumătate
10 ml/2 lingurita frunze de busuioc tocate
125 g/2 cană de pesmet italian proaspăt, cum ar fi ciabatta
Sare și piper negru proaspăt măcinat

Turnați uleiul de măsline într-un vas de 1 litru/1¾ pt/4¼ cană. Se încălzește, neacoperit, la plin timp de 1 minut. Adăugați usturoiul și țelina. Gătiți neacoperit la Full timp de 2½ minute, amestecând o dată. Se amestecă toate celelalte ingrediente. Folosiți rece.

umplutură spaniolă

225-275g/8-10oz/1 1/3-1 2/3 cană

Pentru pești și păsări puternice.

Pregătiți ca pentru umplutura italiană, dar în loc de măsline negre fără sâmburi (sâmbure), înlocuiți cu măsline umplute tăiate în jumătate. Folosiți pesmet alb simplu în loc de pesmet italian și adăugați 30 ml/2 linguri de fulgi (făiați felii) și migdale prăjite.

Umplutură de portocale și coriandru

Produce 175 g/6 oz/1 cană

Pentru carne si pasare.

25 g/2 linguri de unt sau margarină
1 ceapa mica, tocata marunt
125 g/4 oz/2 cani de pesmet alb proaspăt
Coaja rasa fin si zeama de la 1 portocala
45 ml/3 linguri frunze de coriandru tocate fin (coriandru)
Sare și piper negru proaspăt măcinat
Lapte dacă este necesar

Puneți untul sau margarina într-un recipient de 1 litru/1¾ parte/4¼ cană. Se încălzește, neacoperit, la plin timp de 1 minut. Adăugați ceapa. Gătiți neacoperit la Full timp de 3 minute, amestecând o dată. Amestecați firimiturile, coaja și sucul de portocale și coriandru (coriandru) și asezonați după gust. Se amestecă cu laptele numai când umplutura este pe partea uscată. Folosiți rece.

Umplutura de lamaie si coriandru

175 g/6 oz/1 cană

Pentru pește.

Pregătește-o ca umplutură de portocale și coriandru, dar înlocuiește portocala cu coaja rasă și sucul de la 1 lămâie.

Umplutură de portocale și caise

275g/10oz/12/3 cană

Pentru carne bogată și păsări de curte.

125 g caise uscate, spălate
Ceai negru fierbinte
25 g/2 linguri de unt sau margarină
1 ceapa mica tocata
5 ml/1 lingurita coaja de portocala rasa fin
Suc de 1 portocală
125 g/4 oz/2 cani de pesmet alb proaspăt
Sare și piper negru proaspăt măcinat

Înmuiați caisele în ceai fierbinte timp de cel puțin 2 ore. Scurgeți și tăiați în bucăți mici cu foarfecele. Puneți untul sau margarina într-un vas de 1,25 litri/2¼ pt/5½ cani. Se încălzește, neacoperit, la plin timp de 1 minut. Adăugați ceapa. Gătiți neacoperit la Full timp de 2 minute, amestecând o dată. Se amestecă toate celelalte ingrediente, inclusiv caisele. Folosiți rece.

Umplutură cu mere, stafide și nuci

275g/10oz/1 2/3 cană

Pentru carne de porc, miel, rață și gâscă.

25 g/2 linguri de unt sau margarină
1 mâncare (desert) mere, decojite, tăiate în sferturi, decupate de miez și tocate
1 ceapa mica tocata
30 ml/2 linguri stafide
30 ml/2 linguri nuci tocate
5 ml/1 lingurita zahar fin
125 g/4 oz/2 cani de pesmet alb proaspăt
Sare și piper negru proaspăt măcinat

Puneți untul sau margarina într-un vas de 1,25 litri/2¼ pt/5½ cani. Se încălzește, neacoperit, la plin timp de 1 minut. Adăugați mărul și ceapa. Gătiți neacoperit la Full timp de 2 minute, amestecând o dată. Se amestecă toate celelalte ingrediente. Folosiți rece.

Umplutură cu mere, prune și nuci de Brazilia

275g/10oz/12/3 cană

Pentru miel și curcan.

Pregătiți măr, stafide și nuci ca umplutură, dar înlocuiți stafidele cu 8 prune fără sâmburi și mărunțite și înlocuiți nucile cu 30 ml/2 linguri de nuci de Brazilia feliate subțiri.

Umplutura cu mere, curmale si alune

275g/10oz/12/3 cană

Pentru miel și căprioară.

Se prepară ca umplutură cu mere, stafide și nucă, dar înlocuiește stafidele cu 45 ml/3 linguri de curmale tocate și nucile cu 30 ml/2 linguri de alune prăjite și tocate.

Umplutura cu usturoi, rozmarin si lamaie

175 g/6 oz/1 cană

Pentru carne de miel si porc.

25 g/2 linguri de unt sau margarină
2 catei de usturoi macinati
Coaja de 1 lămâie mică
5 ml/1 lingurita rozmarin uscat, zdrobit
15 ml/1 lingura patrunjel tocat
125 g/4 oz/2 cani pesmet proaspăt alb sau maro
Sare și piper negru proaspăt măcinat
Lapte sau vin roșu uscat, dacă se dorește

Puneți untul sau margarina într-un recipient de 1 litru/1¾ parte/4¼ cană. Se încălzește, neacoperit, la plin timp de 1 minut. Adăugați usturoiul și coaja de lămâie. Încălziți, neacoperit, în modul complet timp de 30 de secunde. Se amestecă și se adaugă rozmarinul, pătrunjelul și pesmetul. Asezonați după gust. Combinați cu lapte sau vin doar dacă umplutura este pe partea uscată. Folosiți rece.

Umplutură de usturoi, rozmarin și lămâie cu parmezan

175 g/6 oz/1 cană.

Pentru carne de vită.

Se prepară ca umplutură cu usturoi, rozmarin și lămâie, dar se adaugă 45 ml/3 linguri de parmezan ras cu pesmet.

Umplutura cu fructe de mare

275g/10oz/12/3 cană

Pentru peste si legume.

25 g/2 linguri de unt sau margarină
125 g/1 cană creveți întregi decojiti (creveți)
5 ml/1 lingurita coaja de lamaie rasa fin
125 g/4 oz/2 cani de pesmet alb proaspăt
1 ou bătut
Sare și piper negru proaspăt măcinat
Lapte dacă este necesar

Puneți untul sau margarina într-un recipient de 1 litru/1¾ parte/4¼ cană. Se încălzește, neacoperit, la plin timp de 1 minut. Se amestecă creveții, coaja de lămâie, pesmetul și oul și se asezonează după gust. Se amestecă cu laptele numai când umplutura este pe partea uscată. Folosiți rece.

umplutură cu șuncă de Parma

275g/10oz/12/3 cană

Pentru păsări.

Pregătiți ca pentru umplutura cu fructe de mare, dar înlocuiți cu 75g/3oz/¾ cană șuncă de Parma tocată grosier în loc de creveți (creveți).

Umplutura de cârnați

275g/10oz/12/3 cană

Pentru pasari si porci.

25 g/2 linguri de unt sau margarină
225 g/8 oz/1 cană cârnați de porc sau vită
1 ceapa mica rasa
30 ml/2 linguri patrunjel tocat
2,5 ml/½ linguriță pudră de muștar
1 ou bătut

Puneți untul sau margarina într-un recipient de 1 litru/1¾ parte/4¼ cană. Se încălzește, neacoperit, la plin timp de 1 minut. Adăugați cârnații și ceapa. Gătiți neacoperit la plin timp de 4 minute, amestecând în fiecare minut pentru a rupe cârnații. Se amestecă toate celelalte ingrediente. Folosiți rece.

Umplutură de cârnați și ficat

275g/10oz/1 2/3 cană

Pentru păsări.

Pregătiți ca pentru umplutura de cârnați, dar reduceți cantitatea de cârnați la 175 g/6 oz/¾ cană. Adăugați 50 g/2 oz/½ cană de ficat de pui tocat grosier cu cârnați și ceapă.

Umplutură de cârnați și porumb

275g/10oz/1 2/3 cană

Pentru păsări.

Pregătiți ca pentru umplutura de cârnați, dar adăugați 30-45 ml/2-3 linguri de porumb fiert la sfârșitul gătitului.

Umplutura de cârnați și portocale

275g/10oz/1 2/3 cană

Pentru păsări.

Pregătiți ca pentru umplutura cu carne, dar adăugați 5-10 ml/1-2 lingurițe de coajă de portocală rasă fin la sfârșitul gătitului

Umplutură de castane și ouă

Face 350 g/12 oz/2 căni

Pentru păsări.

125 g / 1 cană castane uscate, înmuiate peste noapte în apă și apoi scurse
25 g/2 linguri de unt sau margarină
1 ceapa mica rasa
1,5 ml/¼ linguriță nucșoară măcinată
125 g/4 oz/2 cani pesmet proaspăt
5 ml/1 lingurita sare
1 ou mare, batut
15 ml/1 lingură smântână dublă (grea)

Puneți castanele într-o tavă de 1,25 litri/2¼ pt/5½ cani (cuptor olandez) și acoperiți cu apă clocotită. Se lasa deoparte 5 minute. Acoperiți cu folie de plastic (folie de plastic) și deschideți de două ori pentru a permite aburului să iasă. Gatiti la putere maxima timp de 30 de minute pana cand castanele sunt moi. Se strecoară și se lasă să se răcească. Împărțiți în bucăți mici. Puneți untul sau margarina într-un vas de 1,25 litri/2¼ pt/5½ cani. Se încălzește, neacoperit, la plin timp de 1 minut. Adăugați ceapa. Gătiți neacoperit la Full timp de 2 minute, amestecând o dată. Se amestecă castanele, nucșoara, pesmetul, sarea și oul. Se amestecă cu crema. Folosiți rece.

Umplutura de castane si afine

Face 350 g/12 oz/2 căni

Pentru păsări.

Se prepară ca pentru Umplutura de ouă de castane, dar în loc de ou amestecă umplutura cu 30-45 ml/2-3 linguri de sos de afine. Adăugați puțină smântână dacă umplutura este uscată.

Umplutură cremoasă de castane

Produce 900 g/2 lb/5 cani

Pentru păsări și pești.

50 g/2 oz/¼ cană unt, margarină sau bacon, scurs
1 ceapa rasa
500 g/1 lb 2 oz/2¼ cani de piure de castane neindulcit
225 g/8 oz/4 căni de pesmet alb proaspăt
Sare și piper negru proaspăt măcinat
2 oua batute
Lapte dacă este necesar

Puneți untul, margarina sau picuraturile într-un recipient de 1¾ litru/3pt/7½ cană. Se încălzește fără acoperire la Full timp de 1 1/2 minute. Adăugați ceapa. Gătiți neacoperit la Full timp de 2 minute, amestecând o dată. Se amestecă bine piureul de castane, pesmetul, sare și piper după gust și ouăle. Se amestecă cu laptele numai când umplutura este pe partea uscată. Folosiți rece.

Umplutura cu crema de castane si carnati

Produce 900 g/2 lb/5 cani

Pentru păsări și vânătoare.

Pregătiți ca umplutura cu crema de castane, dar înlocuiți jumătate din piureul de castane cu 250 g/1 cană de cârnați.

Umplutura cremoasa de castane cu castane intregi

Produce 900 g/2 lb/5 cani

Pentru păsări.

Se prepară ca umplutura cu crema de castane, dar se adaugă 12 castane fierte și zdrobite cu pesmet.

Umplutura de castane cu patrunjel si cimbru

Produce 675 g/1½ lb/4 cesti

Pentru curcan și pui.

15 ml/1 lingură unt sau margarină
5 ml/1 lingurita ulei de floarea soarelui
1 ceapa mica, tocata marunt
1 cățel de usturoi zdrobit
50 g / 1 cana umplutura de patrunjel uscat si cimbru
440 g/15½ oz/2 căni de piure de castane neîndulcit
150 ml/¼ pt/2/3 cană apă fierbinte
Coaja rasa fin de la 1 lamaie
1,5-2,5 ml/¼-½ linguriță sare

Puneți untul sau margarina și uleiul într-un castron de 1,25 L/2¼ pt/5½ cană. Încălziți, neacoperit, în modul complet timp de 25 de secunde. Adăugați ceapa și usturoiul. Gătiți fără acoperire la Full timp de 3 minute. Adăugați amestecul uscat de umplutură și amestecați bine. Gătiți neacoperit la Full timp de 2 minute, amestecând de două ori. Scoateți din cuptorul cu microunde. Amesteca treptat piureul de castane alternativ cu apa fierbinte pana se omogenizeaza. Adăugați coaja de lămâie și sare după gust. Folosiți rece.

Umplutura de castane cu gammon

Produce 675 g/1½ lb/4 cesti

Pentru curcan și pui.

Se prepară ca umplutură de castane cu pătrunjel și cimbru, dar se adaugă 75g de șuncă tocată cu coajă de lămâie și sare.

Umplutură de ficat de pui

Face 350 g/12 oz/2 căni

Pentru păsări și vânătoare.

125 g/4 oz/2/3 cană ficat de pui
25 g/2 linguri de unt sau margarină
1 ceapa rasa
30 ml/2 linguri patrunjel tocat
1,5 ml/¼ linguriță ienibahar măcinat
125 g/4 oz/2 cani pesmet proaspăt alb sau maro
Sare și piper negru proaspăt măcinat
Supa de pui dacă se dorește

Spălați ficații și uscați-i pe hârtie de bucătărie. Tăiate în bucăți mici. Puneți untul sau margarina într-un vas de 1,25 litri/2¼ pt/5½ cani. Se încălzește, neacoperit, la plin timp de 1 minut. Adăugați ceapa. Gătiți neacoperit la Full timp de 2 minute, amestecând o dată. Adăugați ficatei. Gătiți neacoperit, decongelați timp de 3 minute, amestecând de 3 ori. Adauga patrunjelul, ienibaharul si pesmetul si asezoneaza dupa gust. Se amestecă cu puțin bulion doar când umplutura este pe partea uscată. Folosiți rece.

Umplutura de ficat de pui cu nuca si portocala

Face 350 g/12 oz/2 căni

Pentru păsări și vânătoare.

Se prepară ca umplutură de ficat de pui, dar se adaugă 30 ml/2 linguri de nucă spartă și 5 ml/1 linguriță de coajă de portocală, rasă mărunt cu pesmet.

Umplutură triplă cu arahide

Face 350 g/12 oz/2 căni

Pentru carne de pasăre și carne.

15 ml/1 lingura ulei de susan
1 cățel de usturoi zdrobit
125 g/4 oz/2/3 cană alune de pădure măcinate fin
125 g/4 oz/2/3 cană nuci măcinate fin
125g/4oz/2/3 cană migdale măcinate fin
Sare și piper negru proaspăt măcinat
1 ou bătut

Turnați uleiul într-un recipient foarte mare. Se încălzește, neacoperit, la plin timp de 1 minut. Adăugați usturoiul. Gătiți neacoperit la Full timp de 1 minut. Se amestecă toate nucile și se condimentează după gust. Legătură cu oul. Folosiți rece.

Umplutură de cartofi și ficat de curcan

Produce 675 g/1½ lb/4 cesti

Pentru păsări.

450 g de cartofi de faina
25 g/2 linguri de unt sau margarină
1 ceapa tocata
2 felii (felii) de bacon slab tocat
5 ml/1 lingurita de ierburi uscate amestecate
45 ml/3 linguri patrunjel tocat
2,5 ml/½ linguriță de scorțișoară pudră
2,5 ml/½ linguriță de ghimbir măcinat
1 ou bătut
Sare și piper negru proaspăt măcinat

Gătiți cartofii conform recomandărilor pentru Crema de cartofi, dar folosind doar 60 ml/4 linguri de apă. Se strecoară și se pasează. Puneți untul sau margarina într-un vas de 1,25 litri/2¼ pt/5½ cani. Se încălzește, neacoperit, la plin timp de 1 minut. Adăugați ceapa și baconul. Gătiți neacoperit la Full timp de 3 minute, amestecând de două ori. Amestecați toate celelalte ingrediente, inclusiv cartofii, asezonați după gust. Folosiți rece.

Umplutura De Orez Cu Ierburi

Produce 450g/1lb/2 2/3 cană

Pentru păsări.

125 g/2/3 cană de orez cu bob lung, ușor de gătit
250 ml/8 fl oz/1 cană apă clocotită
2,5 ml/½ linguriță sare
25 g/2 linguri de unt sau margarină
1 ceapa mica rasa
5 ml/1 lingurita patrunjel tocat
5 ml/1 lingurita frunze de coriandru (coriandru)
5 ml/1 lingurita salvie
5 ml/1 lingurita frunze de busuioc

Gătiți orezul cu apă și sare conform instrucțiunilor. Puneți untul sau margarina într-un vas de 1,25 litri/2¼ pt/5½ cani. Se încălzește, neacoperit, la plin timp de 1 minut. Adăugați ceapa. Gătiți neacoperit la Full timp de 1 minut, amestecând o dată. Adăugați orezul și ierburile. Folosiți rece.

Umplutură de orez spaniol cu roșii

Produce 450g/1lb/22/3 cană

Pentru păsări.

125 g/2/3 cană de orez cu bob lung, ușor de gătit
250 ml/8 fl oz/1 cană apă clocotită
2,5 ml/½ linguriță sare
25 g/2 linguri de unt sau margarină
1 ceapa mica rasa
30 ml/2 linguri de ardei verde tocat
1 rosie tocata
30 ml/2 linguri măsline umplute tocate

Gătiți orezul cu apă și sare conform instrucțiunilor. Puneți untul sau margarina într-un vas de 1,25 litri/2¼ pt/5½ cani. Se încălzește, neacoperit, la plin timp de 1 minut. Se adauga ceapa, ardeiul verde, rosiile si maslinele. Gătiți neacoperit la Full timp de 2 minute, amestecând o dată. Adăugați orezul. Folosiți rece.

Umplutura cu orez si fructe

Produce 450g/1lb/22/3 cană

Pentru păsări.

125 g/2/3 cană de orez cu bob lung, ușor de gătit
250 ml/8 fl oz/1 cană apă clocotită
2,5 ml/½ linguriță sare
25 g/2 linguri de unt sau margarină
1 ceapa mica rasa
5 ml/1 lingurita patrunjel tocat
6 jumătăți de caise uscate, tocate
6 prune fără sâmburi (sâmbure), tăiate
5 ml/1 lingurita coaja de clementina sau satsuma rasa fin

Gătiți orezul cu apă și sare conform instrucțiunilor. Puneți untul sau margarina într-un vas de 1,25 litri/2¼ pt/5½ cani. Se încălzește, neacoperit, la plin timp de 1 minut. Amestecați ceapa, pătrunjelul, caisele, prunele și cojile. Gătiți neacoperit la Full timp de 1 minut, amestecând o dată. Adăugați orezul. Folosiți rece.

Umplutura cu orez din Orientul Îndepărtat

Produce 450g/1lb/22/3 cană

Pentru păsări.

Pregătește-te ca pentru umplut orez cu ierburi, dar folosește doar coriandru (coriandru). Adaugati 6 castane de apa la conserva taiate felii si 30ml/2 linguri de caju tocate grosier cu ceapa.

Umplutură de orez picant cu nuci

Produce 450g/1lb/22/3 cană

Pentru păsări.

Pregătește-l ca umplutură pentru orez cu ierburi, dar folosește doar pătrunjel. Se adauga 30 ml/2 linguri de fulgi (taiati felii) si migdale prajite si 30 ml/2 linguri de arahide sarate cu ceapa.

fulgi de ciocolată

16

75 g/3 oz/2/3 cană unt sau margarină
30 ml/2 linguri sirop de porumb auriu (light), topit
15 ml/1 lingura pudra de cacao (ciocolata neindulcita), cernuta
45 ml/3 linguri de zahăr pudră (foarte fin)
75 g/3 oz/1½ cană fulgi de porumb

Topiți untul sau margarina și siropul neacoperiți în timp ce decongelați timp de 2-3 minute. Adăugați cacao și zahăr. Adăugați fulgii de porumb cu o lingură mare de metal, amestecând până se îmbracă bine. Se pune o lingura in cutii de hartie pentru tort (invelisuri pentru cupcake), se aseaza pe o tabla sau o tava si se da la frigider pana se fixeaza.

Mâncare pentru prăjitura diavolului

Porți 8

Un tort american de vis cu robotul de bucatarie, cu o textura usoara, pufoasa si aroma profunda de ciocolata.

100 g/4 oz/1 cană ciocolată simplă (semidulce), ruptă în bucăți
225 g/8 oz/2 căni de făină auto-crescătoare (auto-crescătoare)
25 g/1 oz/2 linguri pudra de cacao (ciocolata neindulcita)
1,5 ml/¼ lingurita de bicarbonat de sodiu (bicarbonat de sodiu)
200 g/7 oz/mic 1 cană de zahăr brun închis moale
150 g/5 oz/2/3 cană unt sau margarină, înmuiată, la temperatura camerei
5 ml/1 lingurita esenta de vanilie (extract)
2 ouă mari la temperatura de gătire
120 ml/4 oz/½ cană zară sau 60 ml/4 linguri lapte degresat și iaurt simplu
Zahăr pudră (produse de cofetărie), pentru stropire

Tapetați cu grijă fundul și părțile laterale ale unui vas de sufleu cu pereți drepți cu diametrul de 20 cm cu folie de plastic (folie de aluminiu). Topiți ciocolata într-un castron mic și dezghețați timp de 3-4 minute, amestecând de două ori. Cerneți făina, cacao și bicarbonatul de sodiu direct în bolul unui robot de bucătărie. Adăugați ciocolata topită cu toate celelalte ingrediente și amestecați aproximativ 1 minut sau până când ingredientele sunt bine combinate și amestecul seamănă cu un aluat gros. Așezați o lingură în vasul pregătit și acoperiți lejer cu hârtie de bucătărie. Se fierbe pe Full timp de 9 până la 10 minute, întorcând vasul de două ori, până când aluatul se ridică până la marginea vasului, iar blatul este acoperit cu bule mici crăpate și pare foarte uscat. Dacă rămân pete lipicioase, gătiți la Full timp de încă 20-30 de secunde. Se lasa la cuptorul cu microunde aproximativ 15 minute (prajitura se va intari putin), apoi se scoate si se lasa sa se raceasca pana se incalzeste. Scoateți cu grijă din farfurie, ținându-vă de folie alimentară și transferați pe un grătar pentru a se răci complet. Inainte de servire, indepartati folia alimentara si presarati blatul cu zahar pudra cernut. Depozitați într-un recipient etanș.

Tort Mocha

Porți 8

Se prepară ca Devil's Food Cake, dar când este rece, tăiați tortul pe orizontală în trei straturi. Bateți 450 ml/¾ pt/2 căni duble (grele) sau frișca până se îngroașă. Îndulciți după gust cu puțin zahăr pudră cernut și asezonați puternic cu cafea neagră rece. Folosiți puțină cremă de unt pentru a ține straturile de tort împreună și amestecați restul pe partea de sus și pe părțile laterale. Se lasa putin sa se raceasca inainte de servire.

Tort stratificat

Porți 8

Se prepară ca Devil's Food Cake, dar când este rece, tăiați tortul pe orizontală în trei straturi. Sandviș cu gem de caise, frișcă și ciocolată rasă sau ciocolată tartinată.

Tort cu cireșe Pădurea Neagră

Porți 8

Pregătește-te ca tortul cu mâncarea diavolului, dar când este rece, tăiați tortul pe orizontală în trei straturi și umeziți fiecare strat cu lichior de cireșe. Sandviș cu gem de cireșe (conservă) sau umplutură de cireșe. Bateți 300 ml/½ pt/1¼ cană smântână dublă (grea) sau frișcă până se îngroașă. Întindeți deasupra și părțile laterale ale tortului. Apăsați batonul de ciocolată mărunțit sau ciocolata rasă pe părțile laterale și decorați blatul cu jumătate din cireșe glazurate (confiate).

Tort cu portocale cu ciocolata

Porți 8

Pregătește-te ca și prăjitura cu mâncarea diavolului, dar când este rece, tăiați tortul pe orizontală în trei straturi și umeziți fiecare strat cu lichior de portocale. Sandwich cu marmeladă de portocale tăiată mărunt și un strat subțire de marțipan (pastă de migdale). Bateți 300 ml/½ pt/1¼ cană smântână dublă (grea) sau frișcă până se îngroașă. Colorați și îndulciți ușor 10-15 ml/2-3 lingurițe de melasă, apoi amestecați 10 ml/2 lingurițe de coajă de portocală rasă. Întindeți deasupra și părțile laterale ale tortului.

Tort de ciocolata cu unt si smantana

Serveşte 8 până la 10 porţii

30 ml/2 linguri pudra de cacao (ciocolata neindulcita)
60 ml/4 linguri apă clocotită
175 g/6 oz/¾ cană unt sau margarină la temperatura camerei
175 g/6 oz/¾ cană de zahăr brun închis moale
5 ml/1 lingurita esenta de vanilie (extract)
3 ouă la temperatura de gătit
175 g/6 oz/1½ cani de făină auto-crescătoare
15 ml/1 lingură melasă (melasă)
Unt praf
Zahăr pudră (cofetarie), pentru stropire (opţional)

Tapetaţi cu grijă fundul şi părţile laterale ale unui vas pentru sufleu de 18 x 9 cm/7 x 3½ cu folie de plastic (folie de plastic), astfel încât să atârne puţin peste margine. Se amestecă cacao până la omogenizare cu apa clocotită. Bateţi untul sau margarina, zahărul şi esenţa de vanilie până devin uşoare şi pufoase. Bateţi ouăle pe rând, adăugând la fiecare 15 ml/1 lingură de făină. Adăugaţi făina rămasă şi melasa până se combină uniform. Se întinde uniform pe vasul pregătit şi se acoperă lejer cu hârtie de bucătărie. Gatiti la putere maxima 6-6½ minute, pana cand aluatul creste bine si nu mai pare umed deasupra. Nu gătiţi prea mult sau aluatul se va micşora şi se va întări. Lăsaţi-l să se odihnească 5 minute, apoi scoateţi aluatul din vas, ţinând folia de plastic (folie de aluminiu) și transferați-l pe grătar. Scoateți ușor folia și lăsați-o să se răcească. Tăiați tortul pe orizontală în trei straturi și adăugați-l în glazură (glazură). Pudrați blatul cu zahăr de cofetarie cernut înainte de a tăia felii, dacă doriți.

Tort Mocha cu ciocolata

Servește 8 până la 10 porții

Se prepară ca crema de unt de ciocolată, dar aromatizează cu 15 ml/1 lingură glazură foarte tare cu unt de cafea neagră (glazură). Pentru o aromă mai intensă, adăugați 5 ml/1 linguriță de cafea măcinată la cafeaua lichidă.

Prajitura cu strat de portocale si ciocolata

Servește 8 până la 10 porții

Se prepară ca o cremă de unt de ciocolată, dar se adaugă 10 ml/2 lingurițe de coajă de portocală rasă fin la ingredientele pentru aluat.

Prajitura dubla de ciocolata

Servește 8 până la 10 porții

Pregătiți ca pentru untul de ciocolată, dar adăugați la glazură 100 g/4 oz/1 cană de ciocolată pură (semidulce) topită și răcită. Lăsați-l să se stabilească înainte de utilizare.

Prajitura cu frisca si nuca

Servește 8 până la 10 porții

1 prajitura de ciocolata cu unt si smantana
300 ml/½ bucată/1¼ cană smântână dublă (grea)
150 ml/¼ pt/2/3 cană frișcă
45 ml/3 linguri zahăr pudră (cofetarie), cernut
Orice esențe aromatizante (extracte) precum vanilie, trandafir, cafea, lămâie, portocale, migdale, ratafia
Nuci, așchii de ciocolată, drajeuri de argint, petale de flori confiate sau fructe confiate (confitate) pentru decorare

Tăiați tortul pe orizontală în trei straturi. Bateți cremele până se îngroașă. Adăugați zahăr pudră și arome după gust. Aranjați straturile de tort împreună cu crema și decorați blatul după dorință.

Poarta de Craciun

Serveşte 8 până la 10 porţii

1 prajitura de ciocolata cu unt si smantana
45 ml/3 linguri gem de zmeura fara seminte (la conserva)
martipan (pasta de migdale)
300 ml/½ bucată/1 ¼ cană smântână dublă (grea)
150 ml/¼ pt/2/3 cană frişcă
60 ml/4 linguri zahăr fin (foarte fin)
Cireşe glacé (confiate) şi crenguţe comestibile de ilfin, pentru ornat

Tăiaţi aluatul în trei straturi şi adăugaţi dulceaţa, stropiţi cu marţipan bine rulat. Bateţi smântâna şi zahărul pudră până se îngroaşă şi acoperiţi partea de sus şi părţile laterale ale prăjiturii. Decoraţi blatul cu cireşe şi ilfin.

prăjituri americane

Au trecut 12

50 g/2 oz/½ cană ciocolată simplă (semidulce), ruptă în bucăți
75 g/3 oz/2/3 cană unt sau margarină
175 g/6 oz/¾ cană de zahăr brun închis moale
2 oua, la temperatura de fierbere, batute
150 g/5 oz/1¼ cană făină simplă (universal)
1,5 ml/¼ linguriță praf de copt
5 ml/1 lingurita esenta de vanilie (extract)
30 ml/2 linguri lapte rece
Zahăr pudră (produse de cofetărie), pentru stropire

Ungeți cu unt și tapetați o farfurie de 25 x 16 3 5 cm/10 x 6½ 3 2 inci. Topiți ciocolata și untul sau margarina la foc mare timp de 2 minute, amestecând până se combină bine. Bateți zahărul și ouăle până se omogenizează bine. Cerneți făina împreună cu praful de copt și amestecați-o ușor în amestecul de ciocolată cu esență de vanilie și lapte. Se întinde uniform pe vasul pregătit și se acoperă lejer cu hârtie de bucătărie. Gătiți pe Full timp de 7 minute până când aluatul crește bine, iar blatul este presărat cu mici deschideri crăpate. Lasam sa se raceasca pe farfurie 10 minute. Se taie cubulețe, se presară bine suprafața cu zahăr pudră și se lasă să se răcească complet pe un grătar. Depozitați într-un recipient etanș.

Prajituri cu ciocolata si nuci

Au trecut 12

Se prepară ca brownies-urile americane, dar se adaugă 90 ml/6 linguri de nucă tocată grosier și zahăr. Gatiti inca 1 minut.

Triunghiuri de fulgi de ovaz si caramel

Face 8

125 g/4 oz/½ cană unt sau margarină
50 g/2 oz/3 linguri sirop de porumb auriu (ușor)
25 ml/1½ linguriță melasă neagră (melasă)
100 g/4 oz/½ cană de zahăr brun închis moale
225 g/8 oz/2 căni de ovăz

Unge bine un vas de 20 cm adâncime/8 diametru. Topiți untul, siropul, melasa și zahărul descoperit la decongelare timp de 5 minute. Adăugați ovăzul și întindeți amestecul pe farfurie. Gătiți neacoperit la Full timp de 4 minute, întorcând tigaia o dată. Se lasa 3 minute. Gatiti inca 1 minut si jumatate. Se lasa sa se raceasca si se taie in opt triunghiuri. Scoateți din farfuria rece și depozitați într-un recipient ermetic.

Triunghiuri de muesli

Face 8

Pregătește-te ca triunghiurile de caramel cu fulgi de ovăz, dar înlocuiește ovăzul cu muesli fără zahăr.

regine de ciocolată

Au trecut 12

125 g/4 oz/1 cană făină auto-crescătoare (auto-crescătoare)
30 ml/2 linguri pudra de cacao (ciocolata neindulcita)
50 g/2 oz/¼ cană unt sau margarină la temperatura camerei
50 g/2 oz/¼ cană zahăr brun ușor, moale
1 ou
5 ml/1 lingurita esenta de vanilie (extract)
30 ml/2 linguri lapte rece
Zahăr pudră sau cremă de ciocolată pentru decor (opțional)

Cerneți făina și cacao. Într-un castron separat, bate untul sau margarina cu zahărul până când devine moale și pufoasă. Se adauga oul si esenta de vanilie. Adaugam faina alternativ cu laptele amestecand energic cu o furculita fara a bate. Împărțiți între 12 cutii de hârtie de tort (hartie de cupcake). Așezați șase bucăți o dată pe platoul turnanți din sticlă sau plastic, acoperiți-le ușor cu hârtie de bucătărie și gătiți pe Full timp de 2 minute. Se lasa sa se raceasca pe un gratar. Pudrați cu zahăr pudră cernut sau deasupra cu cremă de ciocolată, dacă doriți. Depozitați într-un recipient etanș.

Fulgi de ciocolată Queenies

Au trecut 12

Pregătiți ca Chocolate Queenies, dar zdrobiți un mic baton de fulgi de ciocolată și amestecați ușor în aluat după ce adăugați ou și esența de vanilie.

Tort cu tarate de mic dejun cu ananas

Face aproximativ 12 bucăți

Aluat destul de gros și o gustare utilă pentru micul dejun servită cu iaurt și o băutură.

100 g / 3½ oz / 1 cană All Bran Flakes

50 g/2 oz/¼ cană de zahăr brun închis moale

175 g/6 oz conserva de ananas zdrobit

20 ml/4 lingurițe de miere groasă

1 ou bătut

300 ml/½ pt/1¼ cană lapte degresat

150g/5oz/1¼ cană făină integrală de grâu auto-crescătoare

Tapetați cu grijă fundul și părțile laterale ale unui bol pentru sufleu cu diametrul de 18 cm/7 cu folie de plastic (folie de aluminiu), astfel încât să atârne puțin peste margine. Puneți cerealele, zahărul, ananasul și mierea într-un castron. Acoperiți cu o farfurie și încălziți la decongelare timp de 5 minute. Se amestecă ingredientele rămase, amestecând energic, fără a bate. Transferați în farfuria pregătită. Acoperiți lejer cu hârtie de bucătărie și lăsați la dezghețat 20 de minute, întorcând vasul de patru ori. Se răcește până se încălzește, apoi se transferă pe un grătar, fixând cu folie de plastic. Odată răcit complet, păstrați într-un recipient ermetic timp de 1 zi înainte de tăiere.

Tort Crocant cu fructe Tort cu ciocolata

Face 10-12

200 g/7 oz/mică 1 cană ciocolată simplă (semidulce), ruptă în pătrate
225 g/8 oz/1 cană unt nesărat (dulce) (nu margarină)
2 ouă mari, la temperatura de fierbere, bătute
5 ml/1 lingurita esenta de vanilie (extract)
75 g/3 oz/¾ cană nuci amestecate tocate grosier
75 g/3 oz/¾ cană ananas limpede sau papaya tocat
75 g / 3 oz / ¾ cană ghimbir cristalizat tocat
25 ml/1½ linguriță de zahăr pudră, cernut
15 ml/1 lingură lichior de fructe precum Grand Marnier sau Cointreau
225 g/8 oz biscuiți dulci simpli (biscuiți), cum ar fi pentru digestie (biscuiți Graham), fiecare rupt în 8 bucăți

Tapetați cu grijă fundul și părțile laterale ale unui vas de 20 cm/8" sau ale unei tavi pentru prăjituri cu folie de plastic (folie de plastic). Topiți fulgii de ciocolată într-un castron mare, descoperite, și dezghețați-le timp de 4-5 minute, până când sunt foarte moi. dar păstrându-și forma inițială.Tăiați untul cubulețe mari și topiți-l neacoperit timp de 2-3 minute.Amestecați bine cu ciocolata topită,ouăle și esența de vanilie.Amestecați toate celelalte ingrediente.Presărați bine amestecat în tava pregătită și acoperiți cu folie de aluminiu sau folie de plastic (folie).Se lasa la racit 24 de ore, apoi se indeparteaza cu grija si se indeparteaza folie de plastic.Se taie felii pentru a servi.Se da la frigider intre portii in timp ce aluatul se inmoaie la temperatura camerei.

Tort Crocant cu Fructe Tort Mocha

Face 10-12

Se prepară ca o prăjitură de biscuiți cu fructe și ciocolată, dar se dizolvă 20 ml/4 lingurițe de cafea instant sau granule de ciocolată și înlocuiește lichiorul de cafea cu lichior de cafea.

Tort crocant cu rom și stafide

Face 10-12

Pregătește-te ca Cookie-ul Crispy Chocolate with Chocolate Fruit, dar înlocuiește 100g de stafide cu fructe confiate și rom negru pentru lichior.

Tort crocant cu whisky de fructe și fursecuri cu portocale

Face 10-12

Pregătește-l ca la Crispy Chocolate Biscuit Cake, dar cu ciocolata și untul se amestecă cu coaja rasă fin a unei portocale și se înlocuiește lichiorul cu whisky.

Tort crocant cu fructe cu ciocolată albă

Face 10-12

Pregătiți ca Tortul Ciocolată-Ciocolată-Crunch, dar înlocuiți ciocolata albă neagră.

Cheesecake cu două straturi de caise și zmeură

Porți 12

Pentru baza:

100 g/3½ oz/½ cană unt

225 g/8 oz/2 căni crumble de prăjituri cu ciocolată (biscuit Graham)

5 ml/1 linguriță amestec de condimente (plăcintă cu mere)

Pentru stratul de caise:

60 ml/4 linguri apă rece

30 ml/2 linguri gelatina pudra

500 g/1 lb 2 oz/2¼ cani de brânză de vaci (brânză de vaci moale)

250 g/9 oz/1¼ cană brânză de vaci sau brânză de vaci

60 ml/4 linguri gem de caise (conserve)

75 g/3 oz/2/3 cană zahăr tos

3 ouă, separate

Vârf de cuțit de sare

Pentru stratul de zmeura:

45 ml/3 linguri apă rece

15 ml/1 lingură gelatină pudră

225 g zmeura proaspata, zdrobita si cernuta (scurcata)
30 ml/2 linguri zahăr fin (foarte fin)
150 ml/¼ pct/2/3 cană smântână dublă (grea)

Pentru decor:
Zmeura proaspata, capsuni si suvite de coacaze

Pentru a pregăti baza, topiți untul descoperit în timp ce îl dezghețați timp de 3-3½ minute. Amestecați firimiturile de prăjituri și amestecul de condimente. Întindeți uniform pe fundul unei tigăi arcuite de 25 cm/10 (forma). Dă la frigider timp de 30 de minute până se întărește.

Pentru stratul de caise, turnați apa și gelatina într-un bol și amestecați bine pentru a o combina. Se lasa deoparte 5 minute pana se inmoaie. Se topește neacoperit la dezghețare timp de 2½-3 minute. Puneți crema de brânză, brânza de vaci sau cremă de brânză, dulceața, zahărul și gălbenușurile de ou în robotul de bucătărie și porniți mașina până când ingredientele sunt bine combinate. Răzuiți într-un castron mare, acoperiți cu o farfurie și dați la frigider până când începe să se îngroașe și să se îngroașe. Bate albusurile spuma si sarea pana se formeaza varfuri tari. Bateți o treime în masa de brânză și adăugați restul cu o lingură de metal sau o spatulă. Întindeți uniform pe fundul prăjiturii. Acoperiți lejer cu hârtie de bucătărie și dați la frigider pentru cel puțin 1 oră până se întărește.

Pentru stratul de zmeură, turnați apa și gelatina într-un bol și amestecați bine pentru a se combina. Se lasa deoparte 5 minute pana se inmoaie. Se topește neacoperit la decongelare timp de 1½-2 minute. Se amestecă cu piureul de zmeură și zahărul. Acoperiți cu folie de aluminiu sau folie de plastic (folie de aluminiu) și dați la frigider până începe să se îngroașe și să se întindă pe margini. Frisca se bate pana se ingroasa usor. Bateți o treime în aluatul de fructe și adăugați restul cu o lingură de metal sau o spatulă. Se întinde uniform peste aluatul de cheesecake. Acoperiți lejer și lăsați la frigider câteva ore până când se întăresc. Înainte de servire, treceți un cuțit înmuiat în apă fierbinte de-a lungul marginii interioare pentru a slăbi cheesecake-ul. Slăbiți recipientul și scoateți partea laterală. Decorați blatul cu fructe. Tăiați în porții cu un cuțit înmuiat în apă fierbinte.

Cheesecake cu unt de arahide

Porți 10

Pentru baza:
100 g/3½ oz/½ cană unt
225 g/8 oz/2 căni de crumble de ghimbir (prăjituri)

Până la acoperiș:
90 ml/6 linguri apă rece
45 ml/3 linguri gelatină pudră
750 g/3 căni brânză de vaci (brânză de vaci moale)
4 ouă, separate
5 ml/1 lingurita esenta de vanilie (extract)
150 g/5 oz/2/3 cană zahăr tos
Vârf de cuțit de sare
150 ml/¼ pct/2/3 cană smântână dublă (grea)
60 ml/4 linguri unt de arahide neted, la temperatura de fierbere
Arahide ușor sărate sau tocate pure (opțional)

Pentru a pregăti baza, topiți untul descoperit în timp ce îl dezghețați timp de 3-3½ minute. Amestecați firimiturile de biscuiți. Se întinde pe fundul unei forme de tort de 20 cm/8 (forma) și se dă la frigider pentru 20-30 de minute până când se întărește.

Pentru a face glazura, turnați apa și gelatina într-un bol și amestecați bine pentru a o combina. Se lasa deoparte 5 minute sa se inmoaie. Se topește neacoperit la dezghețare timp de 3-3½ minute. Puneți brânza, gălbenușurile, esența de vanilie și zahărul în robotul de bucătărie și porniți mașina până se omogenizează. Răzuiți într-un castron mare. Bate albusurile spuma si sarea pana se formeaza varfuri tari. Frisca se bate pana se ingroasa usor. Adăugați alternativ albușurile și smântâna la amestecul de brânză. La final, adaugă untul de arahide. Se întinde uniform în tava pregătită, se acoperă și se dă la frigider pentru cel puțin 12 ore. Pentru a servi, glisați în lateral un cuțit înmuiat în apă fierbinte pentru a se slăbi. Slăbiți recipientul și scoateți părțile laterale. Decorați cu alune tocate dacă doriți. Tăiați în porții cu un cuțit înmuiat în apă fierbinte.

Cheesecake cu lemon curd

Porți 10

Pregătiți ca cheesecake cu unt de arahide, dar înlocuiți cu lemon curd în loc de unt de arahide.

Plăcintă cu ciocolată

Porți 10

Pregătiți ca Cheesecake cu unt de arahide, dar înlocuiți cu unt de ciocolată în loc de unt de arahide.

Sharon Fruit Cheesecake

Porții 10

Rețetă trimisă mie de o femeie din Noua Zeelandă, pe bază de tamarillo asemănător roșiilor. Pentru ca nu sunt intotdeauna usor de gasit, fructele de iarna sharon sunt un inlocuitor admirabil si chiar asemanator cu curmalul, atata timp cat sunt foarte coapte.

Pentru baza:
175 g/6 oz/¾ cană unt
100 g/3½ oz/½ cană zahăr brun ușor, moale
225 g/8 oz pesmet de biscuiți (biscuiți)

Pentru umplutura:
4 fructe Sharon tocate
100 g/4 oz/½ cană zahăr brun ușor, moale
30 ml/2 linguri gelatina pudra
30 ml/2 linguri apă rece
300 g/10 oz/1¼ cană cremă de brânză
3 ouă mari, separate
Suc de ½ lămâie

Clătiți bine forma de tort (tava) cu diametrul de 25 cm și lăsați-o umedă. Topiți untul sau margarina neacoperite în timp ce se dezghețe timp de 3-3½ minute. Se amestecă zahărul și firimiturile de biscuiți.

Apăsați uniform partea de jos a cutiei. Lasati sa se raceasca in timp ce pregatiti umplutura de placinta.

Pentru a face umplutura, asezati fructele sharon pe o farfurie si stropiti cu jumatate de zahar. Pune gelatina intr-un bol si amesteca in apa. Se lasa deoparte 5 minute pana se inmoaie. Se topește neacoperit la dezghețare timp de 3-3½ minute. Într-un castron separat, bateți brânza până devine moale și pufoasă, apoi adăugați gelatina, gălbenușurile de ou, sucul de lămâie și zahărul rămas. Bate albusurile spuma pana obtii o spuma tare. Se adaugă la masa de brânză alternativ cu fructul sharon. Se intinde peste baza de biscuiti si se da la frigider peste noapte. Pentru a servi, treceți un cuțit înmuiat în apă fierbinte de-a lungul părților laterale pentru a se slăbi, apoi desfaceți conserva și scoateți părțile laterale.

cheesecake cu afine

Porții 10

Se prepară ca Cheesecake Sharon Fruit, dar înlocuiește Sharon Fruit cu 350 g de afine.

Cheesecake cu lămâie la cuptor

Porți 10

Pentru baza:

75g/3oz/1/3 cană unt, la temperatura camerei
175 g / 6 oz / 1½ căni biscuiți graham zdrobiți (biscuiți Graham)
30 ml/2 linguri zahăr fin (foarte fin)

Pentru umplutura:

450 g/2 cesti branza de vaci medie (branza de vaci simpla), la temperatura camerei
75 g/3 oz/1/3 cană (foarte fin) zahăr
2 ouă mari la temperatura de gătire
5 ml/1 lingurita esenta de vanilie (extract)
15 ml/1 lingură făină de porumb (făină de porumb)
Coaja rasa fin si zeama de la 1 lamaie
150 ml/¼ pct/2/3 cană smântână dublă (grea)
150 ml/5 oz/2/3 cană smântână groasă

Pentru a pregăti baza, topiți untul descoperit în timp ce îl dezghețați timp de 2-2½ minute. Amesteca firimiturile de biscuiti si zaharul. Tapetați fundul și lateralul unui vas cu diametrul de 20 cm cu folie de plastic (folie de aluminiu), astfel încât să atârne puțin peste margine.

Acoperiți fundul și părțile laterale cu amestecul de fursecuri. Gatiti fara acoperire la Full timp de 2 1/2 minute.

Pentru a face umplutura, bate branza pana se omogenizeaza si apoi amesteca celelalte ingrediente, cu exceptia smantana. Se toarnă într-un recipient pentru firimituri și se acoperă cu hârtie de bucătărie. Gătiți la putere maximă timp de 12 minute, întorcând tigaia de două ori. Tortul este gata când vezi o mișcare în centru, iar vârful se ridică ușor și începe să crape. Se lasa deoparte 5 minute. Scoateți din cuptorul cu microunde și ungeți ușor cu smântână, care va sta deasupra și va nivela pe măsură ce prăjitura se va răci.

Cheesecake cu lămâie copt

Porți 10

Pregătiți ca cheesecake cu lămâie copt, dar înlocuiți lămâia cu coaja și sucul de la 1 lămâie.

Cheesecake cu coacăze prăjite

Porți 10

Se prepară ca la cheesecake cu lămâie copt, dar când se răcește complet, se întinde cu dulceață de coacăze negre de bună calitate (conservă) sau umplutură de coacăze negre din conserva.

Cheesecake cu zmeură la cuptor

Porți 10

Pregătiți ca cheesecake cu lămâie copt, dar înlocuiți făina de porumb (amidon de porumb) cu pudră de zmeură. Decorați cu zmeură proaspătă.

Cheesecake cu fructe și unt de arahide

Servește 8 până la 10 porții

Cheesecake în stil continental, genul pe care l-ai găsi într-o brutărie de înaltă calitate.

45 ml/3 linguri fulgi de migdale (tocate)
75 g/3 oz/2/3 cană unt
175 g/6 oz/1½ cani de biscuiți cu fulgi de ovăz (biscuiți) sau firimituri de biscuiți digestivi (biscuiți Graham)
450 g/2 căni brânză de vaci (cremă de brânză simplă), la temperatura de gătire
125 g/4 oz/½ cană zahăr tos
15 ml/1 lingură făină de porumb (făină de porumb)
3 oua, la temperatura de fierbere, batute
Suc de ½ lămâie proaspătă sau lămâie
30 ml/2 linguri stafide

Așezați migdalele pe o farfurie și puneți la grătar, descoperite, pe Full, timp de 2-3 minute. Topiți untul descoperit în timp ce îl dezghețați timp de 2-2½ minute. Ungem bine o tavă de 20 cm cu unt și acoperim fundul și părțile laterale cu biscuiții zdrobiți. Bateți brânza cu ingredientele rămase și amestecați migdalele și untul topit. Întindeți uniform peste firimiturile de biscuiți și acoperiți cu hârtie de bucătărie. Gătiți la decongelare timp de 24 de minute, întorcând vasul de patru ori. Scoateți din cuptorul cu microunde și lăsați-l să se răcească. Se da la frigider cel putin 6 ore inainte de a taia.

Tort cu ghimbir murat

Porți 8

225 g/8 oz/2 căni de făină auto-crescătoare (auto-crescătoare)
10 ml/2 linguriță amestec de condimente (plăcintă cu mere)
125 g/4 oz/½ cană unt sau margarină la temperatura camerei
125 g/4 oz/½ cană zahăr brun ușor, moale
100 g / 1 cană ghimbir murat tocat în sirop
2 ouă batute
75 ml/5 linguri lapte rece
Zahăr pudră (produse de cofetărie), pentru stropire

Tapetați cu grijă un sufleu de 20 cm/8 sau un vas similar cu pereți drepti cu folie de plastic (folie de aluminiu), astfel încât să atârne puțin peste margine. Cerneți făina și condimentele într-un castron. Întindeți untul sau margarina subțire. Adăugați zahărul și ghimbirul, asigurându-vă că sunt distribuite uniform. Se amestecă cu ouăle și laptele până se omogenizează. După ce se leagă ușor, se transferă cu o lingură în vasul pregătit și se acoperă ușor cu hârtie de bucătărie. Gătiți complet timp de 6½-7½ minute, până când aluatul crește bine și începe să se micșoreze în lateral. Se lasa deoparte 15 minute. Transferați pe un grătar, fixând cu folie alimentară. Înveliți în folie de aluminiu și depozitați tortul într-un recipient ermetic. Pudrați cu zahăr pudră înainte de servire.

Prajitura de ghimbir murat cu portocale

Porți 8

Pregătiți ca plăcintă cu ghimbir conservat, dar adăugați aproximativ coaja unei portocale mici cu ouăle și laptele.

Placinta cu miere cu nuca

Serveşte 8 până la 10 porţii

Steaua de tort, plina de dulceata si lumina. Este de origine greacă, unde este cunoscut sub numele de karithopitta. Serviţi cu cafea la sfârșitul mesei.

Pentru baza:
100 g/3½ oz/½ cană unt, la temperatura camerei
175 g/6 oz/¾ cană zahăr brun moale
4 ouă la temperatura de gătit
5 ml/1 lingurita esenta de vanilie (extract)
10 ml/2 lingurite de bicarbonat de sodiu
10 ml/2 linguriţe praf de copt
5 ml/1 lingurita de scortisoara pudra
75 g făină de grâu (universal)
75 g / 3 oz / ¾ cană făină de porumb (făină de porumb)
100 g / 3½ oz / 1 cană fulgi de migdale (tăiate)

Pentru sirop:
200 ml/7 fl oz/mai puţin de 1 cană apă caldă
60 ml/4 linguri zahăr brun închis moale
batoane de scorţişoară de 5 cm/2 inci
5 ml/1 lingurita suc de lamaie
150 g/5 oz/2/3 cană miere închisă la culoare

Pentru decor:

60 ml/4 linguri amestecuri de nuci tocate
30 ml/2 linguri miere deschisă și închisă la culoare

Pentru a face fundul, tapetați cu grijă fundul și părțile laterale ale unui vas de sufleu de 18 cm/7 cu folie de plastic (folie de plastic), astfel încât să atârne puțin peste margine. Puneți toate ingredientele, cu excepția migdalelor, în bolul unui robot de bucătărie și porniți mașina până la omogenizare și omogenizare. Împingeți scurt migdalele pentru a nu se rupe prea mult. Întindeți amestecul în vasul pregătit și acoperiți ușor cu hârtie de bucătărie. Se fierbe la foc iute timp de 8 minute, întorcând tigaia de două ori, până când aluatul crește limpede și apar mici bule de aer deasupra. Se lasă să se odihnească 5 minute, apoi se răstoarnă pe o farfurie mică și se îndepărtează folia alimentară.

Pentru a face siropul, puneți toate ingredientele într-o ulcior și gătiți descoperit la foc iute timp de 5-6 minute sau până când amestecul începe să clocotească. Urmăriți cu atenție dacă începe să fiarbă. Se lasa sa se odihneasca 2 minute si se amesteca usor cu o lingura de lemn pentru a se amesteca bine ingredientele. Se toarnă încet peste prăjitură până se absoarbe tot lichidul. Combinați nucile și mierea într-un vas mic. Se încălzește, neacoperit, la putere maximă timp de 1 minut și jumătate. Întindeți sau puneți deasupra prăjiturii.

Tort cu miere de ghimbir

10-12 porții

45 ml/3 linguri marmeladă de portocale
225 g/8 oz/1 cană miere închisă la culoare
2 oua
125 ml/4 oz/½ cană ulei de porumb sau floarea soarelui
150 ml/¼ pt/2/3 cană apă caldă
250 g/9 oz/generoasă 2 căni de făină auto-crescătoare
5 ml/1 lingurita bicarbonat de sodiu
3 lingurite de ghimbir pudra
10 ml/2 linguriţe de ienibahar măcinat
5 ml/1 lingurita de scortisoara pudra

Tapetați cu grijă vasul de sufleu adânc de 1,75 L/3pt/7½ cană cu folie de plastic (folie), astfel încât să atârne ușor peste margine. Puneți marmelada, mierea, ouăle, uleiul și apa în robotul de bucătărie și amestecați până se omogenizează și opriți. Cerne toate celelalte ingrediente și pune-le în bolul unui robot de bucătărie. Porniți mașina până când amestecul este bine combinat. Asezati o lingura pe farfuria pregatita si acoperiti usor cu hartie de bucatarie. Gatiti la putere maxima timp de 10-10½ minute, pana cand aluatul creste bine si blatul este acoperit cu mici deschideri. Se lasă pe farfurie până se răcește aproape complet și apoi se transferă pe grătarul care ține folie de plastic. Scoateți cu grijă folia alimentară și lăsați să se răcească complet. Păstrați într-un recipient ermetic timp de 1 zi înainte de tăiere.

Tort cu sirop de ghimbir

10-12 porții

Pregătiți ca un tort cu ghimbir și miere, dar înlocuiți cu miere cu sirop de aur (sirop ușor de porumb).

Turtă dulce tradițională

Servește 8 până la 10 porții

Povestea definitivă de iarnă, un must-have pentru Halloween și noaptea Guy Fawkes.

175 g/6 oz/1½ cani de făină simplă (universală).
15 ml/1 lingură pudră de ghimbir
5 ml/1 linguriță ienibahar măcinat
10 ml/2 lingurite de bicarbonat de sodiu
125 g/4 oz/1/3 cană sirop de porumb auriu (ușor)
25 ml/1½ linguriță melasă neagră (melasă)
30 ml/2 linguri zahăr brun închis moale
45 ml/3 linguri untură sau grăsime albă comestibilă (scurtată)
1 ou mare, batut
60 ml/4 linguri lapte rece

Tapetați cu grijă fundul și părțile laterale ale unui bol pentru sufleu de 15 cm/6 cu folie de plastic (folie de aluminiu), astfel încât să atârne puțin peste margine. Cerneți făina, ghimbirul, ienibaharul și bicarbonatul de sodiu într-un castron. Puneți siropul, melasa, zahărul și grăsimea într-un alt bol și încălziți la foc mare timp de 2½-3 minute până când grăsimea se topește. Se amestecă bine pentru a se amesteca. Amestecați ingredientele uscate cu oul și laptele cu o furculiță. Transferați bine în vasul pregătit și acoperiți ușor cu hârtie de bucătărie. Gatiti la foc iute timp de 3-4 minute, pana cand turta dulce este bine crescuta si are o usoara stralucire deasupra. Se lasa deoparte 10 minute. Transferați pe un grătar, fixând cu folie alimentară. Scoateți folia alimentară și păstrați turta dulce într-un recipient ermetic timp de 1-2 zile înainte de a o feli.

Turtă dulce portocalie

Serveşte 8 până la 10 porţii

Se prepară ca o turtă dulce tradiţională, dar se adaugă coaja fină a unei portocale mici cu ou şi lapte.

Tort de cafea cu caise

Porţi 8

4 biscuiti digestivi (biscuiti Graham), macinati fin
225 g/8 oz/1 cană unt sau margarină, la temperatura camerei
225 g/8 oz/1 cană de zahăr brun închis moale
4 ouă la temperatura de gătit
225 g/8 oz/2 căni de făină auto-crescătoare (auto-crescătoare)
75 ml/5 linguri esenţă de cafea-cicoare (extract)
425 g/14 oz/1 cutie mare jumătăţi de caise, scurse
300 ml/½ bucată/1¼ cană smântână dublă (grea)
90 ml/6 linguri migdale fulgi (tocate), prajite

Ungeţi două feluri de mâncare de 8 inci cu unt topit şi tapetaţi fundul şi părţile laterale cu firimituri de prăjituri. Bateţi untul sau margarina cu zahărul până devine uşor şi pufos. Bateţi ouăle pe rând, adăugând la fiecare 15 ml/1 lingură de făină. Adăugaţi făina rămasă alternativ cu 45 ml/3 linguri de esenţă de cafea. Distribuiţi uniform peste mâncarea preparată și acoperiți cu hârtie de bucătărie. Gătiți unul câte unul la Full timp de 5 minute. Se lasă să se răcească pe farfurie timp de 5 minute și apoi se răstoarnă pe grătar. Tăiați trei caise și rezervați restul. Bateți smântâna cu esența de cafea rămasă până se îngroașă. Scoateți aproximativ un sfert din smântână și adăugați caisele mărunțite. Utilizați pentru a stivui cookie-uri. Acoperiți deasupra și părțile laterale cu crema rămasă.

Tort cu rom cu ananas

Porți 8

Pregătiți ca plăcintă cu cafea cu caise, dar omiteți caisele. Condimentam crema cu 30 ml/2 linguri de rom negru in loc de esenta de cafea (extract). Amesteca 2 felii de ananas din conserva tocate cu trei sferturi din crema si foloseste-l pentru a asambla fursecurile. Acoperiți blatul și părțile laterale cu crema rămasă și decorați cu felii de ananas tăiate în jumătate. Ochi cu cirese confiate verzi si galbene la cerere.

Tort bogat de Crăciun

Face 1 tort de familie mare

Un tort de lux, plin de splendoarea Craciunului si bogat in alcool. Păstrați-l simplu sau acoperiți cu marțipan (pastă de migdale) și glazură albă (glazură).

200 ml/7 fl oz/mai puțin de 1 cană de sherry dulce
75 ml/5 linguri rachiu
5 ml/1 linguriță amestec de condimente (plăcintă cu mere)
5 ml/1 lingurita esenta de vanilie (extract)
10 ml/2 lingurițe de zahăr brun închis moale
350 g/12 oz/2 căni de amestec de fructe uscate (amestec de plăcintă cu fructe)
15 ml/1 lingură coajă amestecată tocată
15 ml/1 lingură de cireșe roșii glazurate (confiate)
50 g/2 oz/1/3 cană caise uscate
50 g/2 oz/1/3 cană curmale tocate
Coaja rasă fin a unei portocale mici
50 g/2 oz/½ cană nuci tocate
125 g/4 oz/½ cană unt nesarat (dulce), topit
175 g/6 oz/¾ cană de zahăr brun închis moale
125 g/4 oz/1 cană făină auto-crescătoare (auto-crescătoare)
3 ouă mici

Puneți sherry-ul și coniacul într-un castron mare. Acoperiți cu o farfurie și gătiți la foc mare timp de 3-4 minute până când amestecul clocotește. Adăugați condimente, vanilie, 10 ml/2 lingurițe de zahăr brun, fructe uscate, coajă de fructe, cireșe, caise, curmale, coajă de portocală și nuci. Omogenizați. Se acopera cu o farfurie si se dezgheta timp de 15 minute, amestecand de patru ori. Lăsați peste noapte pentru ca aromele să se maturizeze. Tapetați cu grijă un vas de sufleu de 20 cm/8 cu folie de plastic (folie), astfel încât să atârne puțin peste margine. Pentru aluat, amestecați untul, zahărul brun, făina și ouăle. Așezați o lingură în vasul pregătit și acoperiți lejer cu hârtie de bucătărie. Gătiți la decongelare timp de 30 de minute, întorcându-le de patru ori. Se lasa la cuptorul cu microunde timp de 10 minute. De la rece la cald, apoi transferați cu grijă pe grătar, ținând folie de plastic. Scoateți folia alimentară când prăjitura este rece. Înfășurați în hârtie de pergament de grosime dublă (cerată) pentru depozitare și împachetați din nou în folie de aluminiu. A se pastra la loc racoros aproximativ 2 saptamani inainte de a se acoperi si glazura.

Tort Rapid Simnel

Face 1 tort de familie mare

Urmați rețeta de Tort bogat de Crăciun și păstrați timp de 2 săptămâni. Cu o zi inainte de servire, taiati prajitura in doua in doua straturi. Ungeți ambele părți cu dulceață de caise topită (conservată) și pliați cu 225-300g de marțipan rulat (pastă de migdale). Decorați partea de sus cu ouă de Paște cumpărate din magazin și pui în miniatură.

Tort cu cereale

Porți 8

O amintire a vremurilor vechi, numită în Țara Galilor tuns plăcintă.

225 g/8 oz/2 căni de făină auto-crescătoare (auto-crescătoare)
125 g/4 oz/½ cană unt sau margarină
175 g/6 oz/¾ cană zahăr brun moale
Coaja rasa fin de la 1 lamaie
10-20 ml/2-4 lingurițe chimen
10 ml/2 lingurițe nucșoară rasă
2 oua batute
150 ml/¼ pt/2/3 cană lapte rece
75 ml/5 linguri zahăr pudră (cofetarie), cernut
10-15 ml/2-3 lingurițe suc de lămâie

Tapetați cu grijă fundul și lateralul unui bol pentru sufleu de 20 cm/8" cu folie de plastic (folie), astfel încât să atârne puțin peste margine. Cerneți făina într-un castron și frecați cu unt sau margarină. Adăugați zahărul brun, coaja de lămâie. ,chimenul si nucsoara si se amesteca cu oul si laptele cu o furculita pana aluatul devine omogen si destul de moale.Se transfera in vasul pregatit si se acopera lejer cu hartie de bucatarie.Se gateste complet timp de 7-8 minute, intorcand vasul de doua ori, pana aluatul se ridica in partea de sus a vasului si suprafata este acoperita cu gauri mici.Se lasa sa se odihneasca 6 minute si apoi se intoarce pe gratar.Odata ce se raceste complet scoatem folia alimentara si intoarcem prajitura cu partea dreapta in sus. zahăr pudră și zeamă de lămâie pentru a face o pastă groasă.Se întinde deasupra prăjiturii.

O prăjitură simplă cu fructe

Porții 8

225 g/8 oz/2 căni de făină auto-crescătoare (auto-crescătoare)
10 ml/2 linguriță amestec de condimente (plăcintă cu mere)
125 g/4 oz/½ cană unt sau margarină
125 g/4 oz/½ cană zahăr brun ușor, moale
175 g/6 oz/1 cană amestec de fructe uscate (amestec de plăcintă cu fructe)
2 oua
75 ml/5 linguri lapte rece
75 ml/5 linguri zahăr pudră (de cofetărie).

Tapetați cu grijă un vas de sufleu de 18 cm/7 cu folie de plastic (folia de plastic), astfel încât să atârne puțin peste margine. Cerneți făina și condimentele într-un castron și frecați cu unt sau margarină. Adăugați zahăr și fructe uscate. Se bat ouale cu laptele si se toarna in ingredientele uscate, amestecand cu o furculita pana la omogenizare si omogenizare. Așezați o lingură în vasul pregătit și acoperiți lejer cu hârtie de bucătărie. Gatiti la putere maxima timp de 6½-7 minute pana cand aluatul creste bine si incepe sa se micsoreze de pe marginile vasului. Scoateți din cuptorul cu microunde și lăsați deoparte timp de 10 minute. Transferați pe un grătar, fixând cu folie alimentară. Când se răcește complet, îndepărtați folia alimentară și stropiți deasupra cu zahăr pudră cernut.

Prajitura cu curmale si nuca

Porți 8

Pregătiți ca prajitura cu fructe simple, dar înlocuiți fructele uscate cu un amestec de curmale și nuci tocate.

Tort de morcovi

Porți 8

Acest import transatlantic, numit cândva prajitura paradisului, este cu noi de mulți ani și nu și-a pierdut niciodată atractivitatea.

Pe tort:
3-4 morcovi tăiați bucăți
50 g/2 oz/½ cană bucăți de nucă
50 g/2 oz/½ cană curmale tocate ambalate, învelite în zahăr
175 g/6 oz/¾ cană zahăr brun moale
2 ouă mari la temperatura de gătire
175 ml/6 fl oz/¾ cană ulei de floarea soarelui
5 ml/1 lingurita esenta de vanilie (extract)
30 ml/2 linguri lapte rece
150 g/5 oz/1¼ cană făină simplă (universal)
5 ml/1 lingurita praf de copt
4 ml/¾ lingurita de bicarbonat de sodiu (bicarbonat de sodiu)
5 ml/1 linguriță amestec de condimente (plăcintă cu mere)

Pentru glazura cu crema de branza:
175 g/6 oz/¾ cană cremă de brânză, la temperatura camerei
5 ml/1 lingurita esenta de vanilie (extract)
75 g/3 oz/½ cană de zahăr pudră, cernut
15 ml/1 lingură suc de lămâie proaspăt stors

Pentru a face aluatul, ungeți cu ulei o tavă inelară de 20 cm care poate fi utilizată la microunde și tapetați fundul cu hârtie de copt antiaderentă. Puneți morcovii și bucățile de nucă într-un blender sau robot de bucătărie și rulați până când ambele sunt tocate grosier. Transferați într-un bol și amestecați curmalele, zahărul, ouăle, uleiul, esența de vanilie și laptele. Cerne ingredientele uscate și amestecă cu amestecul de morcovi cu o furculiță. Transferați în formularul pregătit. Acoperiți cu folie de plastic (folie de plastic) și deschideți de două ori pentru a permite aburului să iasă. Gătiți la putere maximă timp de 6 minute, întorcându-le de trei ori. Se lasa 15 minute si apoi se pune pe gratar. Scoateți hârtia. Se intoarce pe o farfurie cand se raceste complet.

Pentru a face crema de branza tartinata, bateti branza pana se omogenizeaza. Adăugați restul ingredientelor și bateți ușor până se omogenizează. Se intinde bine peste tort.

prăjitură de păstârnac

Porți 8

Pregătiți ca tort de morcovi, dar înlocuiți morcovii cu 3 păstârnac mici.

tort de dovleac

Porți 8

Se prepară ca prăjitura cu morcovi, dar înlocuiește morcovii cu dovleacul decojit, lăsând o felie medie care ar trebui să producă aproximativ 175 g de pulpă. Înlocuiți zahărul brun închis cu amestecul ușor și ienibaharul (plăcintă cu mere).

Tort scandinav cu cardamom

Porți 8

Cardamomul este adesea folosit în coacerea scandinavă, iar această prăjitură este un exemplu tipic de exotism din emisfera nordică. Încercați magazinul local de alimente etnice dacă aveți probleme cu obținerea cardamomului măcinat.

Pe tort:
175 g/6 oz/1½ cani de făină auto-crescătoare
2,5 ml/½ linguriță praf de copt
75 g/3 oz/2/3 cană unt sau margarină, la temperatura camerei
75 g/3 oz/2/3 cană zahăr brun moale
10 ml/2 lingurițe cardamom măcinat
1 ou
Lapte rece

Până la acoperiș:
30 ml/2 linguri (tocate) fulgi de migdale, prajiti
30 ml/2 linguri zahăr brun ușor, moale
5 ml/1 lingurita de scortisoara pudra

Tapetați un vas de 16,5 cm/6½ adâncime cu folie de plastic (folie de aluminiu), astfel încât să atârne puțin peste margine. Cerneți făina și praful de copt într-un bol și amestecați bine untul sau margarina. Adăugați zahăr și cardamom. Bateți oul într-un vas dozator și completați până la 150 ml/¼ pt/2/3 cană cu lapte. Amestecați ingredientele uscate cu o furculiță până se omogenizează bine, dar evitați să bateți. Se toarnă în vasul pregătit. Combinați ingredientele pentru glazură și presărați peste tort. Acoperiți cu folie de plastic și deschideți de două ori pentru a permite aburului să iasă. Gătiți la Full timp de 4 minute, întorcându-le de două ori. Lăsați să se odihnească timp de 10 minute și apoi transferați cu grijă pe un grătar, asigurând cu folie de plastic. Scoateți cu grijă folia alimentară când prăjitura este rece.

Pâine cu ceai de fructe

Face 8 felii

225g/8oz/1 1/3 cani de fructe uscate (amestec de plăcintă cu fructe)
100 g/3½ oz/½ cană de zahăr brun închis moale
30 ml/2 linguri ceai negru rece, tare
100 g / 1 cană făină integrală de grâu auto-crescătoare
5 ml/1 linguriță ienibahar măcinat
1 ou, la temperatura de fierbere, batut
8 migdale întregi, albite
30 ml/2 linguri sirop de porumb auriu (ușor)
Unt lubrifiant

Tapetați cu grijă fundul și lateralul unui bol pentru sufleu de 15 cm/6 cu folie de plastic (folie de aluminiu), astfel încât să atârne ușor peste lateral. Puneți fructele, zahărul și ceaiul într-un castron, acoperiți cu o farfurie și fierbeți la foc iute timp de 5 minute. Se amestecă făina, ienibaharul și oul cu o furculiță și se transferă în vasul pregătit. Pune migdalele deasupra. Acoperiți lejer cu hârtie de bucătărie și lăsați la dezghețat 8-9 minute, până când aluatul crește bine și începe să se micșoreze pe părțile laterale ale vasului. Lăsați să se odihnească timp de 10 minute și apoi transferați pe un grătar ținând folie de plastic. Se încălzește siropul într-o cană pentru a se dezgheța timp de 1 minut și jumătate. Scoateți folia alimentară de pe aluat și ungeți blatul cu siropul încălzit. Se servesc feliate si unse cu unt.

Tort Victorian

Porți 8

175 g/6 oz/1½ cani de făină auto-crescătoare
175 g/6 oz/¾ cană unt sau margarină la temperatura camerei
175 g/6 oz/¾ cană (foarte fin) zahăr
3 ouă la temperatura de gătit
45 ml/3 linguri lapte rece
45 ml/3 linguri gem (conserve)
120 ml/4 oz/½ cană smântână dublă (grea) sau frișcă
Zahăr pudră (zahăr pudră), cernut, pentru stropire

Tapetați fundul și părțile laterale a două vase de 20 cm/8 cu o folie de plastic (folie de aluminiu), astfel încât să atârne ușor peste margine. Cerneți făina pe o farfurie. Bateti untul sau margarina cu zaharul pana obtineti un aluat usor, pufos, cu consistenta frisca. Bateți ouăle pe rând, adăugând la fiecare 15 ml/1 lingură de făină. Adăugați făina rămasă, alternând cu laptele, folosind o lingură mare de metal. Întindeți uniform peste alimentele preparate. Acoperiți lejer cu hârtie de bucătărie. Gătiți unul câte unul la Full timp de 4 minute. Se lasă să se răcească până se încălzește, apoi se întoarce pe un grătar. Scoateți folia alimentară și lăsați să se răcească complet. Sandwich impreuna cu dulceata si frisca si stropiti cu zahar pudra inainte de servire.

Tort cu nuci

Porți 8

175 g/6 oz/1½ cani de făină auto-crescătoare
175 g/6 oz/¾ cană unt sau margarină la temperatura camerei
5 ml/1 lingurita esenta de vanilie (extract)
175 g/6 oz/¾ cană (foarte fin) zahăr
3 ouă la temperatura de gătit
50 g/2 oz/½ cană nuci tocate mărunt
45 ml/3 linguri lapte rece
2 portii de crema de unt
16 jumătăți de nucă pentru decorare

Tapetați fundul și părțile laterale a două vase de 20 cm/8 cu o folie de plastic (folie de aluminiu), astfel încât să atârne ușor peste margine. Cerneți făina pe o farfurie. Bateti untul sau margarina, esenta de vanilie si zaharul pana obtineti un amestec usor, pufos, cu consistenta frisca. Bateți ouăle pe rând, adăugând la fiecare 15 ml/1 lingură de făină. Cu o lingura mare de metal adaugam nucile cu restul de faina, alternand cu laptele. Întindeți uniform peste alimentele preparate. Acoperiți lejer cu hârtie de bucătărie. Gătiți unul câte unul la Full timp de 4½ minute. Se lasă să se răcească până se încălzește, apoi se întoarce pe un grătar. Scoateți folia alimentară și lăsați să se răcească complet. Acoperiți sandvișul cu jumătate de glazură și acoperiți restul prăjiturii.

Prajitura de roscovi

Porți 8

Se prepară ca un Victoria Sandwich, dar înlocuiește cele 25g de mălai (făină de porumb) și 25g de făină de roșcove cu 50g de făină. Un sandviș cu smântână și/sau fructe proaspete sau conservate. Dacă doriți, adăugați 5 ml/1 linguriță de esență (extract) de vanilie la ingredientele cremei.

prajitura usoara de ciocolata

Porți 8

Se prepară ca și prăjitura Sandwich Victoria, dar înlocuiește 25g de mălai (făină de porumb) și 25g de pudră de cacao (ciocolată neîndulcită) cu 50g de făină. Sandwich cu crema si/sau crema de ciocolata.

Tort cu migdale

Porți 8

Se prepară ca Sandwich Victoria, dar înlocuiește 40 g de migdale măcinate cu aceeași cantitate de făină. Condimentează ingredientele amestecate cu 2,5-5 ml/½-1 linguriță de esență de migdale (extract). Sandviș însoțit de dulceață netedă de caise (conserve) și o bucată subțire de marțipan (pastă de migdale).

Sandwich Victoria Gateau

Porți 8

Se prepară ca Tort Sandwich Victoria sau orice altă varietate. Sandviș cu sos de smântână sau unt (topping) și/sau dulceață (conserve), cremă de ciocolată, unt de arahide, cheag de portocale sau lămâie, marmeladă de portocale, umplutură de fructe conservate, miere sau marțipan (pastă de migdale). Acoperiți deasupra și părțile laterale cu glazură de smântână sau de unt. Decorați cu fructe proaspete sau conservate, nuci sau dulciuri. Pentru a face tortul și mai bogat, împărțiți fiecare strat copt în patru straturi înainte de a umple.

Prăjitură cu ceai pentru grădiniță

Pentru 6 felii

75 g/3 oz/2/3 cană zahăr tos

3 ouă la temperatura de gătit
75 g făină de grâu (universal)
90 ml/6 linguri smântână dublă (grea) sau frișcă
45 ml/3 linguri gem (conserve)
Zahăr pudră (extrafin) pentru stropire

Tapetați fundul și lateralul unui vas pentru sufleu de 18 cm/7" cu folie de plastic (folia de folie) astfel încât să atârne puțin peste margine. Puneți zahărul într-un castron și încălziți, neacoperit, la decongelare timp de 30 de secunde. Adăugați ouăle și se bate pana cand amestecul face spuma si se ingroasa pana la consistenta frisca. Se toaca marunt si usor si se adauga faina cu o lingura de metal. Nu se bate si nici nu se amesteca. Cand ingredientele sunt bine combinate, se transfera in vasul pregatit. Acoperi lejer cu hartie de bucatarie si se fierbe la foc mare 4 minute. Se lasa sa se odihneasca 10 minute, apoi se transfera pe un gratar care tine folia de plastic. Cand se raceste, se indeparteaza folia alimentara. Se imparte in jumatate si se amesteca cu smantana si dulceata. Se presara deasupra cu zahăr pudră înainte de servire.

Tort cu lamaie

Pentru 6 felii

Pregătiți așa cum ați face un burete de ceai, dar înainte de a adăuga făina, adăugați 10 ml/2 lingurițe de coajă de lămâie rasă fin la amestecul de ou și zahăr încălzit. Sandviș cu smântână de lămâie și smântână.

Prăjitură cu pandișpan de portocale

Pentru 6 felii

Se prepară ca un burete de ceai, dar se adaugă 10 ml/2 lingurițe de coajă de portocală rasă fin la amestecul de ou și zahăr încălzit înainte de a adăuga făina. Sandwich cu crema de ciocolata si crema.

Tort cu cafea espresso

Porți 8

250 g/8 oz/2 căni de făină auto-crescătoare (auto-crescătoare)
15 ml/1 lingură/2 plicuri pudră espresso instant
125 g/4 oz/½ cană unt sau margarină
125 g/4 oz/½ cană de zahăr brun închis moale

2 ouă, la temperatura bucătăriei
75 ml/5 linguri lapte rece

Tapetați partea inferioară și laterală a unui bol pentru sufleu de 18 cm/7" cu folie de plastic (folia de folie) astfel încât să atârne puțin peste margine. Cerneți făina și zațul de cafea într-un castron și rulați în untul sau margarina. Adăugați zahărul. Bateți bine ouăle și laptele și amestecați uniform cu ingredientele uscate cu o furculiță.Puneți o lingură în vasul pregătit și acoperiți lejer cu hârtie de bucătărie.Gătiți la putere maximă timp de 6½-7 minute până când aluatul crește bine și începe să se micșoreze spre părțile vasului.Se lasă deoparte 10 minute.Se transferă pe un grătar, ținând folia alimentară.Odată ce se răcește complet, se scoate folia alimentară și se păstrează tortul într-un recipient ermetic.

Tort Espresso cu gheață de portocale

Porți 8

Faceți tort espresso. Cu aproximativ 2 ore înainte de servire, faceți o glazură groasă (glazură) amestecând 175 g/6 oz/1 cană de zahăr pudră (pudră) cu suficient suc de portocale pentru a face o glazură păstoasă. Se intinde peste prajituri si se decoreaza cu ciocolata rasa, nuci tocate, sute si mii etc.

Tort cu crema Express

Porți 8

Faceți tort cu cafea espresso și tăiați în două straturi. Bateți 300 ml/½ pt/1¼ cană smântână dublă (grea) cu 60 ml/4 linguri lapte rece până se îngroașă. Se indulcesc cu 45 ml/3 linguri de zahar fin (superfin) si se condimenteaza dupa gust cu pudra espresso. Folosiți puțin pentru a ține straturile împreună și întindeți restul gros peste deasupra și părțile laterale ale tortului. Deasupra cu alune.

Prajituri cu stafide

Au trecut 12

125 g/4 oz/1 cană făină auto-crescătoare (auto-crescătoare)
50 g/2 oz/¼ cană unt sau margarină
50 g/2 oz/¼ cană zahăr tos
30 ml/2 linguri stafide
1 ou
30 ml/2 linguri lapte rece

2,5 ml/½ linguriță esență de vanilie (extract)
Zahăr pudră (produse de cofetărie), pentru stropire

Cerneți făina într-un bol și frecați-o bine cu unt sau margarină. Adăugați zahărul și stafidele. Bateți oul cu laptele și esența de vanilie și amestecați cu ingredientele uscate cu o furculiță, amestecând până obțineți un aluat moale, fără a bate. Împărțiți între 12 cutii de hârtie de prăjitură (hartie pentru biscuiți) și puneți câte șase pe placa turnantă pentru cuptorul cu microunde. Acoperiți lejer cu hârtie de bucătărie. Gatiti la plin timp de 2 minute. Transferați pe un grătar pentru a se răci. Cand este rece, se presara cu zahar pudra cernut. Depozitați într-un recipient etanș.

prăjituri cu nucă de cocos

Au trecut 12

Se prepară ca prăjituri cu stafide, dar înlocuiți stafide cu 25 ml/1½ linguriță de nucă de cocos rasă și creșteți laptele la 25 ml/1½ lingură.

Prajituri de ciocolata

Au trecut 12

Se prepară ca fursecuri cu stafide, dar înlocuiți stafidele cu 30 ml/2 linguri de ciocolată.

Tort picant cu banane

Porți 8

3 banane mari coapte
175 g/6 oz/¾ cană amestec de margarină cu shortening alb de gătit (zdrobit), la temperatura camerei
175 g/6 oz/¾ cană de zahăr brun închis moale
10 ml/2 lingurițe praf de copt
5 ml/1 linguriță ienibahar măcinat
225 g/8 oz/2 căni de făină maro, cum ar fi grânar

1 ou mare, batut
15 ml/1 lingura nuci tocate
100 g/4 oz/2/3 cană curmale tocate

Tapetați cu grijă fundul și lateralul unui bol pentru sufleu de 20 cm/8" cu folie alimentară (folie), astfel încât să atârne puțin peste margine. Curăță bananele și zdrobește-le bine într-un castron. Se amestecă cele două grăsimi. Se adaugă zahărul. Se amestecă praful de copt și ienibaharul cu făina.Cu o furculiță amestecă amestecul de banane cu oul, nucile și curmalele.Se întinde uniform peste vasul pregătit.Acoperi lejer cu hârtie de bucătărie și se fierbe la foc iute timp de 11 minute, întorcând tigaia. de trei ori.Se lasa deoparte 10 minute.Se transfera pe un gratar tinand folia alimentara.Se lasa sa se raceasca complet,se indeparteaza folia alimentara si se pastreaza prajitura intr-un recipient ermetic.

Condimente de banane cu topping de ananas

Porți 8

Faceți un tort cu banane condimentat. Cu aproximativ 2 ore înainte de servire, acoperiți tortul cu o glazură groasă (glazură) făcută cernând 175 g/6 oz/1 cană de zahăr pudră (pudră) într-un bol și amestecând cu câteva picături de glazură pastă. Suc de ananas. Odată fermă, se decorează cu chipsuri de banane deshidratate.

Unt praf

225 g/8 oz/1 cană

75g/3oz/1/3 cană unt, la temperatura camerei
175g/6oz/1 cană de zahăr pudră (glazură), cernut
10 ml/2 lingurite lapte rece
5 ml/1 lingurita esenta de vanilie (extract)
Zahăr pudră (cofetarie), pentru stropire (opțional)

Bateți untul până devine ușor și cremos și, puțin câte puțin, adăugați zahărul până devine ușor și pufos și își dublează volumul. Amesteca laptele si esenta de vanilie si bate glazura pana se omogenizeaza si gros.

capac de ciocolata

Produce 350 g/12 oz/1½ cani

Glazură (glazură) în stil american, care este utilă pentru stropirea oricărui tort simplu.

30 ml/2 linguri de unt sau margarină
60 ml/4 linguri lapte
30 ml/2 linguri pudra de cacao (ciocolata neindulcita)
5 ml/1 lingurita esenta de vanilie (extract)
300 g/10 oz/12/3 cani de zahar pudra (cofetarii), cernut

Puneti intr-un bol untul sau margarina, laptele, cacao si esenta de vanilie. Gătiți neacoperit la decongelare timp de 4 minute până când căldura și grăsimea se topesc. Adăugați zahărul pudră cernut până când glazura este netedă și foarte groasă. Utilizați imediat.

Felii de fructe sănătoase

Face 8

100 g/3½ oz inele de mere uscate
75 g faina integrala auto-crescata (cu auto-crescare)
75 g/3 oz/¾ cană de ovăz
75 g/3 oz/2/3 cană margarină
75 g/3 oz/2/3 cană de zahăr brun închis moale
6 prune din California tocate

Înmuiați inelele de mere în apă peste noapte. Tapetați cu grijă fundul și lateralul unui vas de 18 cm/7 cu folie de plastic (folie de aluminiu), astfel încât să atârne puțin peste margine. Turnați făina și ovăzul într-un castron, adăugați margarina și frecați bine cu vârful degetelor. Adăugați zahărul pentru a face un amestec sfărâmicios. Întindeți jumătate pe fundul vasului pregătit. Scurgeți și tocați feliile de măr. Apăsați ușor prunele în amestecul de ovăz. Presărați amestecul de ovăz rămas uniform deasupra. Gatiti fara acoperire la Full timp de 5½-6 minute. Se lasa sa se raceasca complet pe farfurie. Scoateți în timp ce țineți folia alimentară, apoi îndepărtați folia alimentară și tăiați-le în felii. Depozitați într-un recipient etanș.

Felii de fructe sănătoase cu caise

Face 8

Pregătește-te așa cum ai face cu felii de fructe sănătoase, dar

6 caise uscate, bine spălate, înlocuite cu prune uscate.

prăjitură uscată sfărâmicioasă

Face 12 felii

225 g/8 oz/1 cană unt nesarat (dulce), la temperatura camerei
125 g/4 oz/½ cană de zahăr tos, plus suplimentar pentru stropire
350 g/12 oz/3 căni de făină (universal)

Ungeți și puneți baza într-un vas adânc de 20 cm. Cremă untul și zahărul până devine ușor și pufos, apoi amestecați făina până se omogenizează și se omogenizează. Se întinde uniform în vasul pregătit și se înțeapă cu o furculiță. Gatiti descoperit la decongelare timp de 20 de minute. Scoateți din cuptorul cu microunde și stropiți cu 15 ml/1 lingură de zahăr pudră. Tăiați în 12 bucăți cât sunt încă puțin calde. Transferați cu grijă pe un grătar și răciți complet. Depozitați într-un recipient etanș.

Fursec-uri foarte crocante

Face 12 felii

Pregătiți ca pentru aluatul scurt, dar înlocuiți 25g/1oz/¼ cană gris (cremă de grâu) cu 25g/1oz/¼ cană făină.

Fursecuri foarte moi

Face 12 felii

Pregătiți ca pentru aluatul scurt, dar înlocuiți 25 g/1 oz/¼ cană de făină cu 25 g/1 oz/¼ cană de amidon de porumb.

Crocant picant

Face 12 felii

Se prepară ca aluatul scurt, dar se cern 10 ml/2 lingurițe de condimente (plăcintă cu mere) cu făină.

Fursecuri în stil olandez

Face 12 felii

Pregătiți ca pentru aluatul scurt, dar înlocuiți făina auto-crescătoare cu făină simplă și cernați 10 ml/2 lingurițe de scorțișoară măcinată în făină. Înainte de a găti, ungeți blatul cu 15-30 ml/1-2 linguri de smântână, apoi presați ușor migdalele fulgioase (tocate) ușor prăjite.

bile de scorțișoară

Au trecut 20

Specialitate de Paște, o încrucișare între o prăjitură și o prăjitură care pare să se păstreze mai bine la cuptorul cu microunde decât atunci când este coaptă în mod tradițional.

2 albusuri mari
125 g/4 oz/½ cană zahăr tos
30 ml/2 linguri de scorțișoară pudră
225 g/8 oz/2 cesti migdale macinate
Zahăr pudră cernut (produse de cofetărie)

Albusurile se bat spuma pana incep sa faca spuma, apoi se adauga zaharul, scortisoara si migdalele. Cu mâinile umede, formați 20 de bile. Aranjați în două inele, unul în celălalt, în jurul marginii unei farfurii mari și plate. Gătiți neacoperit la Full timp de 8 minute, întorcând vasul de patru ori. Se lasa la racit pana se reincalzeste, apoi se ruleaza in zahar pudra pana fiecare este bine acoperita. Se lasa sa se raceasca complet si se pastreaza intr-un recipient ermetic.

Golden Cognac Snaps

14

Destul de greu de făcut în mod convențional, funcționează ca un vis în cuptorul cu microunde.

50 g/2 oz/¼ cană unt
50g/2oz/1/6 cană sirop de porumb auriu (ușor)
40 g/1½ oz/3 linguri zahăr granulat auriu
40 g/1½ oz/1½ linguriță făină maro malțată, cum ar fi grânar
2,5 ml/½ linguriță de ghimbir măcinat
150 ml/¼ pct/2/3 cani smantana dubla (grea) sau frisca

Pune untul în tigaie și se topește neacoperit la decongelare timp de 2-2½ minute. Se adauga siropul si zaharul si se amesteca bine. Gătiți neacoperit la Full timp de 1 minut. Adăugați făina și ghimbirul. Puneți patru linguri (dimensiunea 5 ml/1 linguriță) de amestec, la distanță uniformă, direct pe o placă turnantă din sticlă sau plastic, care poate fi folosită la microunde. Gătiți la putere maximă timp de 1½-1¾ minute, până când crunchul de coniac începe să se rumenească și devine dantelat deasupra. Scoateți cu grijă placa turnantă din cuptorul cu microunde și lăsați fursecurile să se odihnească timp de 5 minute. Ridicați fiecare cu o spatulă. Rotiți pe mânerul unei linguri mari de lemn. Strângeți conectorii cu vârful degetelor și glisați-i în bolul cu lingura. Repetați cu restul de trei fursecuri. Odată setat, scoateți de pe gratar și transferați pe un gratar de răcire. Repetați, până se epuizează restul amestecului. Depozitați într-o cutie ermetică. Înainte de a mânca, stropiți smântână peste ambele capete ale fiecărei doze de coniac și mâncați în aceeași zi, când s-au înmuiat după ce au stat în picioare.

Aperitive de brandy de ciocolată

14

Pregătește-te ca Golden Brandy Snaps. Înainte de a umple cu smântână, puneți-o pe o tavă de copt și ungeți suprafața de sus cu ciocolată neagră sau albă topită. Lasam sa se raceasca si apoi adaugam crema.

chifle

Face vreo 8

Sunt o incrucisare intre rulada si rulada, sunt extrem de usoare si sunt un deliciu delicios consumat inca fierbinte, uns cu unt si la alegere de dulceata (conserva) sau miere de erica.

225 g/8 oz/2 căni de făină integrală
5 ml/1 lingurita crema de tartru
5 ml/1 lingurita bicarbonat de sodiu
1,5 ml/¼ linguriță sare
20 ml/4 lingurițe zahăr fin
25 g/2 linguri de unt sau margarină
150 ml/¼ pt/2/3 cană zară sau înlocuiți cu un amestec de jumătate de iaurt simplu și jumătate de lapte degresat, dacă nu este disponibil

Ou bătut, pentru periaj
Inca 5 ml/1 lingurita de zahar amestecat cu 2,5 ml/½ lingurita de scortisoara pudra, pentru stropire

Cerneți făina, smântâna, bicarbonatul de sodiu și sarea într-un bol. Adăugați zahăr și frecați bine cu unt sau margarină. Adăugați zara (sau înlocuitorul) și amestecați cu o furculiță până obțineți un aluat foarte moale. Se aseaza pe o suprafata infainata si se framanta rapid si usor pana se omogenizeaza. Atingeți uniform până la o grosime de 1 cm/½ inch, apoi tăiați în discuri folosind o tăietură de prăjituri de 5 cm/2 inci. Rulați din nou tivurile și continuați să tăiați în discuri. Aranjați pe marginea unei tavi unse de 25 cm/10" pe un vas puțin adânc. Ungeți cu ou și presărați cu un amestec de zahăr și scorțișoară. Fierbeți neacoperit la Full timp de 4 minute, întorcând vasul de patru ori. Lăsați să se odihnească 4 minute. iar apoi se transferă pe grătar și se mănâncă încă fierbinte.

Paine cu stafide

Face vreo 8

Se prepară ca niște rulouri, dar se adaugă 15 ml/1 lingură de stafide cu zahăr.

Pâini

Orice lichid folosit în pâinea cu dospit trebuie să fie călduț – nici fierbinte, nici rece. Cel mai bun mod de a ajunge la temperatura potrivită este să amesteci un lichid pe jumătate clocotit cu un lichid pe jumătate rece. Dacă este încă fierbinte după ce ați scufundat celălalt articulație roz, lăsați-l să se răcească înainte de utilizare. Lichidele prea fierbinți sunt mai mult o problemă decât lichidele prea reci, deoarece pot ucide drojdia și împiedică creșterea pâinii.

Aluat de bază de pâine albă

Face 1 pâine

Un aluat de pâine rapid pentru cei cărora le place să gătească, dar nu au mult timp.

450 g/1 lb/4 căni de făină universală (pâine)
5 ml/1 lingurita sare

1 plic de drojdie uscată uşor de amestecat

30 ml/2 linguri unt, margarina, grasime alba de prajit sau untura

300 ml/½ pt/1¼ cană apă caldă

Cerneţi făina şi sarea într-un castron. Încălziţi, neacoperiţi, dezgheţaţi timp de 1 minut. Adăugaţi drojdia şi frecaţi în grăsime. Se amestecă până se formează un aluat cu apă. Frământaţi pe o suprafaţă înfăinată până când este netedă, elastică şi nu mai este lipicioasă. Reveniţi în vasul curat, scurs, dar acum uşor uns. Acoperiţi vasul în sine, nu aluatul, cu folie de plastic (film) şi tăiaţi-l de două ori pentru a lăsa aburul să iasă. Se încălzeşte în timp ce decongelaţi timp de 1 minut. Odihneşte-te la cuptorul cu microunde timp de 5 minute. Repetaţi de trei sau patru ori până când aluatul îşi dublează volumul. Frământaţi din nou rapid şi utilizaţi ca în reţetele convenţionale sau în următoarele reţete pentru microunde.

Aluat de bază pentru pâine integrală

Face 1 pâine

Urmaţi reţeta de bază aluat de pâine albă, dar utilizaţi una dintre următoarele în loc de făină tare (obişnuită):

- jumătate făină albă şi jumătate făină integrală

- toata faina de grau
- jumătate grâu integral malț și jumătate făină albă
-

Aluat de bază de pâine cu lapte

Face 1 pâine

Urmați rețeta de bază aluat de pâine albă, dar folosiți unul dintre următoarele în loc de apă:

- lapte integral degresat
- jumătate lapte integral, jumătate apă

Felie de pâine

Face 1 pâine

O pâine moale, ușoară, consumată mai mult în nordul Marii Britanii decât în sud.

Pregătiți aluat de bază de pâine albă, aluat de bază de pâine integrală sau aluat de bază de pâine cu lapte. Frământați rapid și ușor după prima creștere, apoi formați un cerc de aproximativ 5 cm grosime. Așezați pe o farfurie rotundă unsă și unsă cu făină. Acoperiți cu hârtie de bucătărie și încălziți la decongelare timp de 1 minut. Se lasa sa se odihneasca 4 minute. Repetați de trei sau patru ori până când aluatul își dublează volumul. Se presară cu făină albă sau maro. Gătiți fără acoperire la Full timp de 4 minute. Se lasa sa se raceasca pe un gratar.

rulouri

16

Pregătiți aluat de bază de pâine albă, aluat de bază de pâine integrală sau aluat de bază de pâine cu lapte. Frământați rapid și ușor după prima creștere și împărțiți în mod egal în 16 părți. Formați discuri plate. Aranjați opt batoane în jurul marginii fiecăreia dintre cele două farfurii unse și unse cu făină. Acoperiți cu hârtie de bucătărie și gătiți, câte un fel de mâncare, decongelând timp de 1 minut, apoi lăsați deoparte 4 minute și repetați de trei sau patru ori până când pâinile și-au dublat volumul. Se presară cu făină albă sau maro. Gătiți fără acoperire la Full timp de 4 minute. Se lasa sa se raceasca pe un gratar.

Chifle de hamburger

Au trecut 12

Pregătiți ca Bap Rolls, dar împărțiți aluatul în 12 bucăți în loc de 16. Aranjați șase rulouri în jurul marginii fiecăreia dintre cele două farfurii și gătiți conform instrucțiunilor.

Rulouri dulci cu fructe Bap

16

Pregătiți ca pentru Bap Rolls, dar adăugați 60 ml/4 linguri de stafide și 30 ml/2 linguri de zahăr pudră (superfin) la ingredientele uscate înainte de a amesteca în lichid.

Diviziile din Cornwall

16

Pregătiți ca Bap Rolls, dar nu pudrați blatul cu făină înainte de a găti. Se taie la rece si se umple cu crema sau smantana si dulceata de capsuni sau zmeura (la conserva). Se presară deasupra cu zahăr pudră cernut. Mănâncă în aceeași zi.

Rulouri fanteziste

16

Pregătiți aluat de bază de pâine albă, aluat de bază de pâine integrală sau aluat de bază de pâine cu lapte. Frământați rapid și ușor după prima creștere și împărțiți în mod egal în 16 părți. Formați cele patru bucăți în rulouri rotunde și faceți o fantă în partea de sus a fiecăreia. Rulați cele patru bucăți în frânghii lungi de 20 cm/8 și faceți un nod. Modelați cele patru bucăți în pâini vieneze mici și faceți trei tăieturi în diagonală în fiecare pâine. Împărțiți fiecare dintre cele patru bucăți rămase în trei, rulați în șuvițe înguste și împletiți. Asezam toate rulourile pe o tava unsa si tapata cu faina si lasam sa se incinga pana isi dubleaza volumul. Ungeți blatul cu ou și coaceți la 230°C/450°F/marca de gaz 8 timp de 15-20 de minute. Scoateți din cuptor și transferați rulourile pe grătar. A se pastra intr-un recipient ermetic la rece.

Chifle cu Suplimente

16

Pregătește-te ca Fancy Rolls. După ce ungeți blatul pâinilor cu ou, presărați-le cu oricare dintre următoarele ingrediente: semințe de mac, semințe de susan prăjite, semințe de fenicul, ovăz rulat, grâu măcinat, brânză tare rasă, sare de mare grunjoasă, săruri de condimente aromate.

pâine cu chimen

Face 1 pâine

Faceți o prăjitură maro de bază adăugând 10-15 ml/2-3 lingurițe de chimen la ingredientele uscate înainte de a le amesteca în lichid. Dupa prima crestere se framanta usor si se formeaza o bila. Se pune într-un vas rotund, uns cu pereți drepti, de 450 ml/¾ pt/2 cană. Acoperiți cu hârtie de bucătărie și încălziți la decongelare timp de 1 minut. Se lasa sa se odihneasca 4 minute. Repetați de trei sau patru ori până când aluatul își dublează volumul. Ungeți cu ou bătut și stropiți cu sare grunjoasă și/sau chimen în plus. Acoperiți cu hârtie de bucătărie și gătiți la foc mare timp de 5 minute, întorcând tigaia o dată. Gatiti la Full pentru inca 2 minute. Se lasa 15 minute si se pune cu grija pe gratar.

pâine de secara

Face 1 pâine

Formați aluatul de bază de pâine integrală folosind jumătate de făină de grâu integral și jumătate de făină de secară. Coaceți ca Bap Loaf.

Pâine cu uleiuri de măsline

Face 1 pâine

Faceți un aluat de bază de pâine albă sau un aluat de bază de pâine integrală, dar înlocuiți grăsimile rămase cu ulei de măsline, nucă sau alune. Daca aluatul ramane lipicios mai adaugam putina faina. Gătiți ca Bap Loaf.

pâine italiană

Face 1 pâine

Faceți un aluat de pâine albă de bază, dar înlocuiți uleiul de măsline cu alte grăsimi și adăugați 15 ml/1 lingură pesto roșu și 10 ml/2 lingurițe piure de roșii uscate la ingredientele uscate înainte de a amesteca în lichid. Gatiti ca un Bap Loaf, lasand inca 30 de secunde.

pâine spaniolă

Face 1 pâine

Faceți un aluat de pâine albă de bază, dar înlocuiți uleiul de măsline cu alte grăsimi și adăugați 30 ml/2 linguri de ceapă uscată (uscata) și 12 măsline umplute tocate la ingredientele uscate înainte de a amesteca în lichid. Gatiti ca un Bap Loaf, lasand inca 30 de secunde.

Pâine Tikka Masala

Face 1 pâine

Pregătiți aluatul de bază de pâine albă, dar înlocuiți grăsimile rămase cu ghee topit sau ulei de porumb și adăugați 15 ml/1 lingură amestec de condimente tikka și semințele din 5 păstăi de cardamom verde la ingredientele uscate înainte de a amesteca în lichid. Gatiti ca un Bap Loaf, lasand inca 30 de secunde.

Pâine cu malț de fructe

Face 2 pâini

450 g/1 lb/4 căni de făină universală (pâine)

10 ml/2 linguriţe sare
1 plic de drojdie uscată uşor de amestecat
60 ml/4 linguri coacaze negre si stafide
60 ml/4 linguri extract de malţ
15 ml/1 lingură melasă (melasă)
25 g/2 linguri de unt sau margarină
45 ml/3 linguri lapte degresat caldut
150 ml/¼ pt/2/3 cană apă caldă
Unt lubrifiant

Cerneţi făina şi sarea într-un castron. Adăugaţi drojdia şi fructele uscate. Se amestecă extractul de malţ, melasa şi untul sau margarina într-un castron mic. Se topeşte neacoperit la decongelare timp de 3 minute. Adăugaţi în făină suficient lapte şi apă pentru a face aluatul moale, dar nu lipicios. Frământaţi pe o suprafaţă înfăinată până când este netedă, elastică şi nu mai este lipicioasă. Împărţiţi în două părţi egale. Modelaţi fiecare tavă pentru a se potrivi cu un vas rotund sau dreptunghiular de 900 ml/1½ pt/3¾ cană. Acoperiţi vasele, nu aluatul, cu folie de plastic (film) şi tăiaţi de două ori pentru a lăsa aburul să iasă. Se încălzeşte împreună la decongelare timp de 1 minut. Se lasa deoparte 5 minute. Repetaţi de trei sau patru ori până când aluatul îşi dublează volumul. Scoateţi folia alimentară. Puneţi vasele una lângă alta în cuptorul cu microunde şi gătiţi-le la putere maximă timp de 2 minute. Întoarceţi farfuriile şi gătiţi încă 2 minute. Repetaţi încă o dată. Se lasa deoparte 10 minute. Întoarceţi-vă pe grătar. A se pastra intr-un recipient ermetic cand se raceste complet. Lăsați 1 zi înainte de a feli și unt.

Pâine irlandeză cu sifon

Face 4 pâini mici

200 ml/7 fl oz/mic 1 cană de lapte sau 60 ml/4 linguri de lapte
degresat și iaurt simplu
75 ml/5 linguri lapte integral
350 g/3 căni făină integrală
125 g/4 oz/1 cană făină simplă (universală).
10 ml/2 lingurite de bicarbonat de sodiu
5 ml/1 lingurita crema de tartru
5 ml/1 lingurita sare
50 g/2 oz/¼ cană unt, margarină sau shortening alb pentru prăjit

Unge bine un vas de 25 cm/10 cm. Se amestecă zara sau înlocuitorul și laptele. Se toarnă făina integrală într-un bol și se cerne făina, bicarbonatul de sodiu, crema de tartru și sare. Frecați bine grăsimea. Adăugați lichidul dintr-o dată și amestecați cu o furculiță până obțineți un aluat moale. Se framanta rapid cu mainile infainate pana se omogenizeaza. Formați o formă rotundă de 18 cm/7. Deplasați-vă în centrul plăcii. Tăiați o cruce adâncă în partea de sus cu dosul unui cuțit și pudrați ușor cu făină. Acoperiți lejer cu hârtie de bucătărie și gătiți pe Full timp de 7 minute. Pâinea va crește și se va întinde. Se lasa deoparte 10 minute. Scoateți farfuria cu o bucată de pește și puneți-o pe grătar. Împărțiți în patru porții când este rece. Păstrați într-un recipient ermetic până la 2 zile, deoarece acest tip de pâine este cel mai bine consumat proaspăt.

Pâine Soda Bran

Face 4 pâini mici

Pregătiți ca pâinea de sodă irlandeză, dar adăugați 60 ml/4 linguri de tărâțe grosiere înainte de a amesteca cu lichidul.

Pentru a reîmprospăta pâinea veche

Aşezați pâinea sau rulourile într-o pungă de hârtie maro sau aşezați-o între faldurile unui prosop curat de bucătărie (prosop de ceai) sau șervețel de masă. Se încălzește la Dezghețare până când pâinea este ușor caldă la suprafață. Mâncați imediat și nu repetați cu resturile din aceeași pâine.

pittas greceşti

Face 4 pâini

Se completează cu aluat de bază de pâine albă. Împărțiți în patru părți egale și frământați ușor până se formează o minge. Faceți ovale, fiecare de 30 cm lungime/12 la mijloc. Se presară ușor cu făină. Udați marginile cu apă. Îndoiți fiecare în jumătate, aducând marginea de sus în jos. Apăsați bine marginile pentru a sigila. Se aseaza pe o tava de copt unsa cu faina. Coaceți imediat într-un cuptor convențional la 230°C/450°F/Gas 8 timp de 20-25 de minute, până când pâinile au crescut bine și sunt aurii. Se lasa sa se raceasca pe un gratar. Se lasa sa se raceasca, se desface si se serveste cu sosuri grecesti si alte preparate.

Cireșe în jeleu de Porto

Porți 6

750 g cireșe conservate (sâmbure) în sirop ușor, scurse și rezervate pentru sirop
15 ml/1 lingură gelatină pudră
45 ml/3 linguri de zahăr pudră (foarte fin)
2,5 ml/½ linguriță de scorțișoară pudră
Tawny Harbour
Smântână dublă (grea), bătută și amestecat de condimente (plăcintă cu mere) pentru garnitură

Turnați 30 ml/2 linguri de sirop într-un vas dozator mare. Adaugam gelatina si lasam sa se inmoaie 2 minute. Acoperiți cu o farfurie și dezghețați timp de 2 minute. Amestecați pentru a vă asigura că gelatina s-a topit. Adăugați siropul de cireșe rămas, zahărul și scorțișoara. Pregătiți până la 450 ml/¾ pt/2 pahare de vin Porto. Se acoperă ca mai înainte și se încălzește la putere maximă timp de 2 minute, amestecând de trei ori, până când lichidul este fierbinte și zahărul s-a dizolvat. Se toarnă într-un castron de 1,25 L/2¼pt/5½ cană și se lasă să se răcească. Acoperiți și dați la frigider până când amestecul de gelatină începe să se îngroașe și să se aseze ușor în jurul bolului. Asamblați cireșele și împărțiți-le în șase farfurii de desert. Se lasa sa se raceasca pana se intareste complet. Înainte de servire, se decorează cu smântână și se stropește cu amestecul de condimente.

Cirese in jeleu cu cidru

Porți 6

Pregătiți ca pentru jeleu de cireșe în Porto, dar înlocuiți Porto cu cidru uscat și tare și scorțișoară pentru 5 ml/1 linguriță de coajă de portocală rasă.

Ananas fierbinte

Porții 8

225 g/8 oz/1 cană zahăr fin
150 ml/¼ pt/2/3 cană apă rece
1 ananas mare proaspăt
6 cuișoare întregi
batoane de scorțișoară de 5 cm/2 inci
1,5 ml/¼ lingurita nucsoara rasa
60 ml/4 linguri sherry mediu uscat
15 ml/1 lingură rom negru
Biscuiți (biscuiți), pentru servire

Turnați zahărul și apa în recipientul de 2,5 L/4½pt/11 cani și amestecați bine. Acoperiți cu o farfurie mare răsturnată și gătiți la foc mare timp de 8 minute pentru a face sirop. Între timp, curățați ananasul și scoateți miezul și îndepărtați „ochii" cu vârful unui curățător de cartofi. Tăiați în felii și apoi tăiați feliile în bucăți. Adăugați la sirop cu restul ingredientelor. Acoperiți cu folie de plastic (folie de plastic) și deschideți de două ori pentru a permite aburului să iasă. Gătiți la putere maximă timp de 10 minute, întorcând tigaia de trei ori. Lăsați deoparte timp de 8 minute înainte de a pune pe farfurii și de a mânca cu biscuiți crocanți, unți.

Fructul fierbinte Sharon

Porți 8

Se prepara ca ananasul fierbinte, dar inlocuieste ananasul cu 8 saron taiati in sferturi. Odată adăugat în siropul cu celelalte ingrediente, gătiți la Full timp de doar 5 minute. Încearcă-l cu țuică în loc de rom.

Piersici calde

Porți 8

Pregătiți ca ananasul fierbinte, dar înlocuiți cu 8 piersici mari, tăiate la jumătate și fără sâmburi, în loc de ananas. Odată adăugat în siropul cu celelalte ingrediente, gătiți la Full timp de doar 5 minute. Asezonați cu lichior de portocale în loc de rom.

pere roz

Porți 6

450 ml/¾ pt/2 pahare de vin roze
75 g/3 oz/1/3 cană (foarte fin) zahăr
6 pere de desert, lasate pe tulpini
30 ml/2 linguri faina de porumb (faina de porumb)
45 ml/3 linguri apă rece
45 ml/3 linguri port gri

Turnați vinul într-un vas adânc, suficient de mare pentru a găzdui toate perele laterale într-un singur strat. Adăugați zahăr și amestecați bine. Gătiți fără acoperire la Full timp de 3 minute. Între timp, curățați perele, având grijă să nu pierdeți tulpinile. Puneți amestecul de vin și zahăr pe părți. Acoperiți cu folie de plastic (folie de plastic) și deschideți de două ori pentru a permite aburului să iasă. Gatiti la plin timp de 4 minute. Întoarceți perele cu două linguri. Acoperiți ca înainte și gătiți la Full încă 4 minute. Se lasa deoparte 5 minute. Aranjați vertical pe un platou. Pentru a îngroșa sosul, amestecați făina de porumb și apa până se omogenizează și adăugați portul. Adăugați la amestecul de vin. Gătiți neacoperit la Full timp de 5 minute, amestecând energic la fiecare minut, până când se îngroașă ușor și palid. Se toarnă peste pere și se servește calde sau reci.

budinca de Craciun

Face 2 budinci, fiecare porție 6-8

65 g făină de grâu (universal)
15 ml/1 lingura pudra de cacao (ciocolata neindulcita)
10 ml/2 lingurițe amestec de condimente (plăcintă cu mere) sau ienibahar măcinat
5 ml/1 lingurita coaja rasa de portocala sau mandarina
75 g/3 oz/1½ cani de pesmet proaspăt
125 g/4 oz/½ cană de zahăr brun închis moale
450 g/4 cesti fructe uscate (mix prajitura cu fructe) cu coaja
125 g / 4 oz / 1 cană suevă tocată (vegetariană, dacă se preferă)
2 ouă mari la temperatura de gătire
15 ml/1 lingură melasă (melasă)
60 ml/4 linguri de Guinness
15 ml/1 lingura de lapte

Ungeți bine două boluri de budincă de 900 ml/1½ pt/3¾ cană. Cerneți făina, cacao și condimentele într-un castron mare. Se amestecă coaja, pesmetul, zahărul, fructele și sufia. Într-un castron separat, bateți ouăle, melasa, Guinness și laptele. Amestecați ingredientele uscate cu o furculiță pentru a obține un amestec omogen. Împărțiți uniform între bazinele pregătite. Acoperiți fiecare cu hârtie de bucătărie. Gătiți unul câte unul la Full timp de 4 minute. Se lasa deoparte 3 minute la cuptorul cu microunde. Fierbe fiecare budincă la Full timp de încă 2 minute. Scoateți din chiuvete când se răceşte. Când este rece, înfăşurați în hârtie de pergament cerată de o grosime dublă și congelați până la nevoie. Pentru a servi, decongelați complet, tăiați în porții și încălziți individual pe farfurii timp de 50-60 de secunde.

Budinca de prune cu unt

Face 2 budinci, fiecare porție 6-8

Pregătiți așa cum ați face o budincă de Crăciun, dar înlocuiți suta cu 125 g unt topit.

Budinca de prune cu ulei de masline

Face 2 budinci, fiecare porție 6-8

Pregătiți așa cum ați face o budincă de Crăciun, dar înlocuiți suta cu 75 ml/5 linguri de ulei de floarea soarelui sau de porumb. Adăugați încă 15 ml/1 lingură de lapte.

Sufleu de fructe în pahare

Porții 6

400 g/14 oz/1 cutie mare cu orice umplutură de fructe
3 ouă, separate
90 ml/6 linguri de frișcă imbatabilă

Transferați umplutura de fructe într-un bol și amestecați gălbenușurile de ou. Bateți albușurile spumă și adăugați-le ușor la amestecul de fructe până se omogenizează bine. Se toarnă amestecul uniform în șase pahare cu tulpină (nu de cristal) până se umple pe jumătate. Gatiti in perechi la decongelare timp de 3 minute. Amestecul ar trebui să se ridice până la vârful fiecărui pahar, dar se va scufunda ușor când este scos din cuptor. Faceți o tăietură în partea de sus a fiecăruia cu un cuțit. Aplicați 15 ml/1 lingură de smântână pe fiecare lingură. Va curge pe părțile laterale ale ochelarilor până la elementele de bază. Serviți imediat.

Budincă de Crăciun aproape instantanee

Face 2 budinci, fiecare servind 8 GBP

Absolut frumos, incredibil de bogat în aromă, tonuri profunde, fructat și se coace rapid, astfel încât nu trebuie să le pregătiți cu săptămâni în avans. Umplutura de fructe conservate este principalul motor și responsabil pentru succesul continuu al budincilor.

225 g/8 oz/4 căni de pesmet alb proaspăt
125 g/4 oz/1 cană făină simplă (universală).
12,5 ml/2½ lingurițe de ienibahar măcinat
175 g/6 oz/¾ cană de zahăr brun închis moale
275 g/10 oz/2¼ cani de suif tocat (vegetarian daca se prefera)
675 g/4 cani amestec de fructe uscate (amestec de plăcintă cu fructe)
3 oua bine batute
400 g/14 oz/1 cutie mare de umplutură de cireșe
30 ml/2 linguri de melasă neagră (melasă)
Blender olandez crema sau frisca pentru a servi.

Ungeți bine două boluri de budincă de 900 ml/1½ pt/3¾ cană. Se toarnă pesmetul într-un castron și se cerne făina și ienibaharul. Adăugați zahăr, suif și fructe uscate. Se amestecă până la omogenizare cu oul, umplutura de fructe și melasa. Împărțiți bolurile pregătite și acoperiți fiecare cu hârtie de bucătărie. Gătiți unul câte unul la Full timp de 6 minute. Se lasa deoparte 5 minute la cuptorul cu microunde. Fierbe fiecare budincă la Full timp de încă 3 minute, întorcând bolul de două ori. Scoateți din chiuvete când se răcește. Când se răcește, înfășurați în hârtie de pergament (cerată) și dați la frigider până este nevoie. Tăiați în porții și reîncălziți așa cum se recomandă în tabelul Alimente convenabile. Se serveste cu frisca blender sau frisca.

Budincă de Crăciun ultra-fructă

Serveşte 8 până la 10 porţii

Old Man de la Billington's Sugar, unde zahărul înlocuieşte untul sau margarina.

75 g făină de grâu (universal)
7,5 ml/1½ linguriţă de ienibahar măcinat
40 g/1½ oz/¾ cană pesmet din făină integrală
75 g/3 oz/1/3 cană zahăr demerara
75 g/3 oz/1/3 zahăr melasă
125 g/4 oz/2/3 cană coacăze
125 g/4 oz/2/3 cană sultane (stafide aurii)
125g/4oz/2/3 cană caise uscate, tăiate în bucăţi mici
45 ml/3 linguri alune prajite tocate
1 mar mic (desert), curatat de coaja si ras
Coaja rasa fin si zeama de la 1 portocala mica
50 ml/2 oz/3½ linguri lapte rece
75 g/3 oz/1/3 cană unt sau margarină
50 g (2 oz) ciocolată simplă (semidulce), ruptă în bucăţi
1 ou mare, batut
Sos de coniac

Ungeți bine un castron de budincă de 900 ml/1½ pt/3¾ cană cu unt. Cerneți făina și condimentele într-un castron mare. Adăugați pesmetul și zahărul și amestecați pentru a rupe cocoloașele. Se amestecă coacăze uscate, sultane, caise, nuci, mere și coajă de portocală. Turnați sucul de portocale în ulcior. Adauga laptele, untul sau margarina si ciocolata. Se încălzește la decongelare timp de 2½-3 minute până când untul și ciocolata se topesc. Se amestecă ingredientele uscate cu oul bătut. Pune lingura în bolul pregătit. Acoperiți lejer cu hârtie de pergament sau pergament (cerat). Gătiți la putere maximă timp de 5 minute, întorcând bolul de două ori. Se lasa deoparte 5 minute. Se fierbe la Full încă 5 minute, întorcând bolul de două ori. Lăsați să se odihnească 5 minute înainte de a le întoarce pe o farfurie și de a servi cu sos de coniac.

Tarate de prune

Porti 4

450 g prune fără sâmburi
125 g/4 oz/½ cană zahăr brun moale
175 g/6 oz/1½ cani făină de grâu integrală simplă (toate scopuri)
125 g/4 oz/½ cană unt sau margarină
75 g/3 oz/1/3 cană zahăr demerara
2,5 ml/½ linguriță ienibahar măcinat (opțional)

Puneți prunele într-o tavă unsă cu unsoare cu o capacitate de 1L/1¾ părți/4¼ cani de aluat. Adăugați zahăr. Turnați făina într-un bol și frecați-o bine cu unt sau margarină. Adăugați zahăr și condimente și amestecați. Stropiți bine fructele cu amestecul. Gătiți neacoperit la Full timp de 10 minute, întorcând tigaia de două ori. Se lasa deoparte 5 minute. Mănâncă cald sau cald.

Se sfărâmă cu prune și măr

Porti 4

Pregătiți ca Plum Crumble, dar înlocuiți jumătate din prune cu 225 g de mere decojite și tăiate felii. Adăugați 5 ml/1 linguriță de coajă de lămâie rasă în fructele cu zahăr.

Crumble de caise

Porti 4

Pregătiți ca Plum Crumble, dar înlocuiți prunele fără sâmburi cu caise proaspete.

Crumble de afine cu migdale

Porti 4

Pregătiți ca Plum Crumble, dar înlocuiți prunele cu fructe de pădure pregătite. Adaugati in crumble 30 ml/2 linguri de fulgi de migdale prajiti (tocati).

Crumble cu pere si rubarba

Porti 4

Se prepară ca Plum Crumble, dar înlocuiește prunele cu un amestec de pere decojite și tocate și rubarbă tocată.

Crumble cu nectarine si afine

Porti 4

Pregătiți ca Plum Crumble, dar înlocuiți prunele cu un amestec de nectarine fără sâmburi și felii și afine.

Mărul lui Betty

Porție 4-6

50 g/2 oz/¼ cană unt sau margarină
125 g/4 oz/2 căni de pesmet crocant, cumpărat sau făcut pe pâine prăjită
175 g/6 oz/¾ cană zahăr brun moale
750 g mere fierte (tarte), decojite, dezlipite și tăiate în felii subțiri
30 ml/2 linguri suc de lamaie
coaja rasă a 1 lămâie mică
2,5 ml/½ linguriță de scorțișoară pudră
75 ml/5 linguri apă rece
Frisca dubla (grea), frisca sau inghetata pentru servire

Ungeți cu unt o formă de tort de 600 ml/1 unitate/2½ cani. Topiți untul sau margarina la putere maximă timp de 45 de secunde. Adăugați pesmetul și două treimi din zahăr. Combinați feliile de mere, sucul de lămâie, coaja de lămâie, scorțișoara, apa și zahărul rămas. Umpleți aluatul pregătit cu straturi alternative de pesmet și mere, începând și terminând cu pesmet. Gătiți neacoperit la Full timp de 7 minute, întorcând tigaia de două ori. Lasati sa se odihneasca 5 minute inainte de a manca cu frisca sau inghetata.

Nectarine sau Betty Peach

Porție 4-6

Pregătiți ca Apple Betty, dar înlocuiți merele cu nectarine sau piersici fără sâmburi.

Budincă de Orient Mijlociu cu nuci

Porți 6

Aceasta este o budincă minunată din ceea ce a fost odată cunoscut sub numele de Arabia. Apa de flori de portocal este disponibilă în unele supermarketuri și farmacii.

6 grâu mare ras
100 g/3½ oz/1 cană nuci de pin prăjite
125 g/4 oz/½ cană zahăr tos
150 ml/¼ pt/2/3 cană lapte integral
50 g/2 oz/¼ cană unt (nu margarină)
45 ml/3 linguri apă de floare de portocal

Unge cu unt un vas de 20 cm adâncime și fărâmiță 3 bucăți de grâu ras în fund. Combinați nucile cu zahărul și presărați uniform deasupra. Zdrobiți grâul ras rămas. Încălziți laptele și untul într-un vas neacoperit la plin timp de 1 minut și jumătate. Adăugați apă de floare de portocal. Puneți ușor ingredientele în bol. Gatiti fara acoperire la Full timp de 6 minute. Se lasa sa se odihneasca 2 minute inainte de servire.

Cocktail de fructe de vară

Porți 8

225 g/8 oz/2 cani coacăze, cu vârf și coadă
225 g rubarbă tocată
30 ml/2 linguri apă rece
250 g/8 oz/1 cană zahăr fin
450 g de căpșuni feliate
125 g zmeura
125 g agrișe fără tulpină
30 ml/2 linguri cassis sau lichior de portocale (optional)

Puneți coacăzele și rubarba într-un vas adânc umplut cu apă. Acoperiți cu folie de plastic (folie de plastic) și deschideți de două ori pentru a permite aburului să iasă. Gătiți la putere maximă timp de 6 minute, întorcând tigaia o dată. Descoperi. Adăugați zahărul și amestecați până se dizolvă. Adăugați restul de fructe. Acoperiți și lăsați ermetic la frigider. Adăugați Cassis sau lichior, dacă folosiți, înainte de servire.

Curmal din Orientul Mijlociu și compot de banane

Porți 6

Curmalele proaspete, de obicei din Israel, sunt ușor disponibile iarna.

450 g/lb curmale proaspete
450 g/1 kilogram de banane
Suc de ½ lămâie
Suc de ½ portocală
45 ml/3 linguri rachiu de portocale sau caise
15 ml/1 lingură apă de trandafiri
30 ml/2 linguri zahar demerara
Biscuit de servit

Curmalele se curăță de coajă și se taie în jumătate pentru a îndepărta semințele. Puneți într-un bol de 1,75 L/3pt/7½ cani. Curățați bananele și tăiați-le direct deasupra. Adăugați toate celelalte ingrediente și amestecați ușor pentru a combina. Acoperiți cu folie de plastic (folie de plastic) și deschideți de două ori pentru a permite aburului să iasă. Gătiți la putere maximă timp de 6 minute, întorcând tigaia de două ori. Mănâncă fierbinte cu prăjituri.

Salata de fructe uscate

Porti 4

225 g fructe uscate amestecate, cum ar fi felii de mere, caise, piersici, pere, prune uscate
300 ml/½ pt/1¼ cană apă clocotită
50 g/2 oz/¼ cană zahăr pudră
10 ml/2 lingurite coaja de lamaie rasa fin
Iaurt natural gros pentru servire

Spălați bine fructele și puneți-le într-un castron de 1,25 L/2¼ pt/5½ cană. Se amestecă cu apă și zahăr. Acoperiți cu o farfurie și lăsați deoparte 4 ore. Transferați la cuptorul cu microunde și gătiți la putere maximă aproximativ 20 de minute până când fructele sunt moi. Adaugam coaja de lamaie si servim fierbinte cu iaurt gros.

Budincă dură de mere și mure

Porți 6

Puțin unt topit
275 g/10 oz/2¼ cani de făină auto-crescătoare
150 g/2/3 cană unt sau margarină la temperatura de gătit
125 g/4 oz/½ cană zahăr brun moale
2 oua batute
400 g/14 oz/1 cutie mare de umplutură cu mere și mure
45 ml/3 linguri lapte rece
Smântână sau budincă de servit

Ungeți un vas rotund de sufleu de 1,25 L/2¼pt/5½ cană cu unt topit. Cerneți făina într-un bol și frecați-o bine cu unt sau margarină. Adăugați zahărul și amestecați până la omogenizare cu oul, umplutura de fructe și laptele, amestecând energic, fără a bate. Distribuiți uniform în vasul pregătit. Gătiți neacoperit la Full timp de 9 minute, întorcând tigaia de trei ori. Se lasa deoparte 5 minute. Turnați pe o farfurie puțin adâncă încălzită. Distribuiți pe farfurii și serviți cu smântână sau budincă.

Budincă de lămâie cu mure

Porti 4

Puțin unt topit
225 g/8 oz/2 căni de mure zdrobite
Coaja rasa fin si zeama de la 1 lamaie
225 g/8 oz/2 căni de făină auto-crescătoare (auto-crescătoare)
125 g/4 oz/½ cană unt sau margarină
100 g / 3½ oz / ½ cană mică zahăr brun închis moale
2 oua batute
60 ml/4 linguri lapte rece
Pentru a servi cremă, înghețată sau sorbet de lămâie

Unge un vas adanc de 18 cm in diametru cu unt topit. Se amestecă murele cu coaja și sucul de lămâie și se lasă deoparte. Cerneți făina într-un bol. Frecați untul și zahărul împreună. Se amestecă până se omogenizează cu piure de fructe, ouă și lapte. Întindeți uniform peste vasul pregătit. Gătiți neacoperit pe Full timp de 7-8 minute până când budinca se ridică în partea de sus a vasului și nu există pete strălucitoare deasupra. Se lasa deoparte 5 minute, timp in care budinca se va scufunda usor. Slăbiți marginile cu un cuțit și puneți-le pe o plită încinsă. Mănâncă fierbinte cu smântână, înghețată sau sorbet de lămâie.

Budinca de lamaie si zmeura

Porti 4

Preparați ca budinca Lemony Bramble, dar înlocuiți murele cu zmeură.

Budinca cu caise si nuca pe dos

Porți 8

Pentru budinca:

50 g/2 oz/¼ cană unt sau margarină

50 g/2 oz/¼ cană zahăr brun ușor, moale

400 g/14 oz jumătăți de caise conservate în sirop, scurse și puse deoparte pentru sirop

50 g/2 oz/½ cană jumătăți de nucă

Până la acoperiș:

225 g/8 oz/2 căni de făină auto-crescătoare (auto-crescătoare)

125 g/4 oz/½ cană unt sau margarină

125 g/4 oz/½ cană zahăr tos

Coaja fină a unei portocale

2 oua

75 ml/5 linguri lapte rece

2,5–5 ml/½–1 linguriță esență de migdale (extract)

Înghețată de cafea de servit

Pentru a face budinca, ungeți cu unt fundul și părțile laterale ale unei tigăi adânci de 25 cm/10 cm. Adăugați unt sau margarină. Se topește neacoperit la decongelare timp de 2 minute. Stropiți untul cu zahăr brun până aproape că acoperă fundul vasului. Aranjați atractiv jumătățile de caise pe zahăr, tăiați părțile laterale și acoperiți cu jumătățile de nucă.

Pentru a face toppingul, cerneți făina într-un castron. Întindeți untul sau margarina subțire. Se adauga zaharul si coaja de portocala si se amesteca pana se incorporeaza. Bateți bine ingredientele rămase și folosiți o furculiță uscată până se amestecă uniform. Întindeți ușor peste fructe și nuci. Gătiți neacoperit la Full timp de 10 minute. Se lasa sa se odihneasca 5 minute si apoi se intoarce cu grija pe o farfurie plana. Se încălzește siropul rezervat la Full timp de 25 de secunde. Servește budinca cu înghețată de cafea și sirop fierbinte.

Foster banane

Porti 4

Originar din New Orleans și numit după Dick Foster, responsabil cu curățarea vamii orașului în anii 1950. Sau cel puțin așa spune povestea.

25 g/2 linguri unt de floarea soarelui sau margarina
4 banane
45 ml/3 linguri zahăr brun închis moale
1,5 ml/¼ linguriță de scorțișoară pudră
5 ml/1 lingurita coaja de portocala rasa fin
60 ml/4 linguri rom negru
Inghetata de vanilie de servit

Asezati untul intr-un vas adanc cu diametrul de 23 cm/9. Se topește în timp ce se dezghețe timp de 1 1/2 minute. Curățați bananele, tăiați-le în două și apoi tăiați fiecare jumătate în două bucăți. Se aseaza pe o farfurie si se presara zahar, scortisoara si coaja de portocala. Acoperiți cu folie de plastic (folie de plastic) și deschideți de două ori pentru a permite aburului să iasă. Gatiti la plin timp de 3 minute. Se lasa deoparte 1 minut. Se încălzește romul la Decongelare până se încălzește. Aprindem romul cu un chibrit si turnam peste bananele descoperite. Serviți cu înghețată bogată de vanilie.

Condimente Mississippi

Porți 8

Pentru capacul de flan (căptușeală de tort):
225 g (8 oz) aluat gata preparat (aluat de bază)
1 galbenus

Pentru umplutura:
450 g cartofi dulci cu pulpă roz și galben, decojiți și tăiați cubulețe
60 ml/4 linguri apă clocotită
75 g/3 oz/1/3 cană (foarte fin) zahăr
10 ml/2 lingurițe de ienibahar măcinat
3 ouă mari
150 ml/¼ pt/2/3 cană lapte rece
30 ml/2 linguri unt topit
De servit cu frisca sau inghetata de vanilie

Pentru a pregăti cutia de tort, întindeți aluatul foarte subțire și tapetați o formă de tort de 23 cm diametru, unsă ușor cu unt. Înțepați bine cu o furculiță, mai ales acolo unde partea laterală se întâlnește cu baza. Gătiți neacoperit la Full timp de 6 minute, întorcând tigaia de trei ori. Dacă apar umflături, apăsați ușor cu degetele protejate de mănuși de cuptor. Ungeți totul cu gălbenuș de ou pentru a sigila găurile. Gatiti descoperit la Full pentru inca un minut. Lasă-l deoparte.

Pentru a face umplutura, puneți cartofii într-un recipient de 1 litru/1¾ parte/4¼ cană. Adăugați apă clocotită. Acoperiți cu folie de plastic (folie de plastic) şi deschideți de două ori pentru a permite aburului să iasă. Gătiți la putere maximă timp de 10 minute, întorcând tigaia de două ori. Se lasa deoparte 5 minute. Debit. Puneți într-un robot de bucătărie sau blender şi adăugați ingredientele rămase. Lucrați până obțineți un piure omogen. Întindeți uniform pe tava de copt. Gătiți neacoperit la dezghețare timp de 20-25 de minute, până când umplutura se fixează, întorcând vasul de patru ori. De la frig până la vară. Se taie in portii si se serveste cu frisca usoara sau cu inghetata de vanilie.

budincă jamaicană

Porție 4-5

225 g/8 oz/2 căni de făină auto-crescătoare (auto-crescătoare)
125 g / 4 oz / ½ cană dintr-un amestec de shortening alb pentru gătit (fărâmicios) și margarină
125 g/4 oz/½ cană zahăr tos
2 ouă mari, bătute
50 g/2 oz/¼ cană de ananas zdrobit într-o cutie cu sirop
15 ml/1 lingura esenta de cafea si cicoare (extract) sau lichior de cafea
Crema groasa de servit

Ungeți un vas de sufleu de 1,75 litri/3 părți/7½ cani. Cerneți făina într-un bol și frecați ușor cu unt. Adăugați zahăr. Se amesteca cu o furculita pana se inmoaie cu ou, siropul de ananas si esenta de cafea sau lichior. Se întinde uniform pe farfurie. Gătiți neacoperit la Full timp de 6 minute, întorcându-le o dată. Se intoarce pe o farfurie si se lasa deoparte 5 minute. Reveniți la cuptorul cu microunde. Gatiti la Full pentru inca 1-1½ minute. Se serveste cu crema groasa.

Tort cu dovleac

Porți 8

Mâncat în America de Nord în ultima joi a fiecărui noiembrie, de Ziua Recunoștinței.

Pentru capacul de flan (căptușeală de tort):
225 g (8 oz) aluat gata preparat (aluat de bază)
1 galbenus

Pentru umplutura:
½ dovleac mic sau porție de 1,75 kg, tocat
30 ml/2 linguri de melasă neagră (melasă)
175 g/6 oz/¾ cană zahăr brun moale
15 ml/1 lingură făină de porumb (făină de porumb)
10 ml/2 lingurițe de ienibahar măcinat
150 ml/¼ pct/2/3 cană smântână dublă (grea)
3 oua batute
Frisca de servit

Pentru a pregăti cutia de tort, întindeți aluatul foarte subțire și tapetați o formă de tort de 23 cm diametru, unsă ușor cu unt. Înțepați bine cu o furculiță, mai ales acolo unde partea laterală se întâlnește cu baza. Gătiți neacoperit la Full timp de 6 minute, întorcând tigaia de trei ori. Dacă apar umflături, apăsați ușor cu degetele protejate de mănuși de cuptor. Ungeți totul cu gălbenuș de ou pentru a sigila găurile. Gatiti descoperit la Full pentru inca un minut. Lasă-l deoparte.

Pentru a face umplutura, asezati dovleacul pe o farfurie. Gătiți neacoperit pe Full timp de 15-18 minute până când pulpa este foarte fragedă. Scoateți lingura de pe piele și lăsați-o să se răcească până devine călduță. Se amestecă până se omogenizează cu restul ingredientelor. Asezati lingura de aluat inca pe farfurie. Gătiți neacoperit la Full timp de 20-30 de minute, până când umplutura se fixează, întorcând tigaia de patru ori. Se serveste fierbinte cu frisca. Dacă preferați, utilizați 425 g de dovleac conservat în loc de proaspăt.

Plăcintă cu sirop de ovăz

Serve de la 6 la 8

Versiunea actuală de tartă de melasă.

Pentru capacul de flan (căptușeală de tort):
225 g (8 oz) aluat gata preparat (aluat de bază)
1 galbenus

Pentru umplutura:
125 g/2 căni de musli prăjit cu fructe și nuci
75 ml/5 linguri sirop de porumb auriu (ușor)
15 ml/1 lingură melasă (melasă)
Frisca de servit

Pentru a pregăti cutia de tort, întindeți aluatul foarte subțire și tapetați o formă de tort de 23 cm diametru, unsă ușor cu unt. Înțepați bine cu o furculiță, mai ales acolo unde partea laterală se întâlnește cu baza. Gătiți neacoperit la Full timp de 6 minute, întorcând tigaia de trei ori. Dacă apar umflături, apăsați ușor cu degetele protejate de mănuși de cuptor. Ungeți totul cu gălbenuș de ou pentru a sigila găurile. Gatiti descoperit la Full pentru inca un minut. Lasă-l deoparte.

Pentru a face umplutura, amestecați musliul, siropul și melasa și puneți-le în forma pentru budincă coptă. Gătiți fără acoperire la Full timp de 3 minute. Se lasa deoparte 2 minute. Gatiti descoperit la Full pentru inca un minut. Se serveste cu smantana.

Burete de budincă de nucă de cocos

Serveşte 8 până la 10 porţii

Pentru capacul de flan (căptuşeală de tort):
225 g (8 oz) aluat gata preparat (aluat de bază)
1 galbenus

Pentru umplutura:
175 g/6 oz/1½ cani de făină auto-crescătoare
75 g/3 oz/1/3 cană unt sau margarină
75 g/3 oz/1/3 cană (foarte fin) zahăr
75 ml/5 linguri nucă de cocos uscată (răzuită)
2 oua
5 ml/1 lingurita esenta de vanilie (extract)
60 ml/4 linguri lapte rece
30 ml/2 linguri gem de căpşuni sau coacăze negre (conservă)

Pentru glazura:
225 g/8 oz/1 1/3 cană de zahăr pudră (glazură), cernut
Apa de flori de portocal

Pentru a pregăti cutia de tort, întindeţi aluatul foarte subţire şi tapetaţi o formă de tort de 23 cm diametru, unsă uşor cu unt. Înţepăţi bine cu o furculiţă, mai ales acolo unde partea laterală se întâlneşte cu baza. Gătiţi neacoperit la Full timp de 6 minute, întorcând tigaia de trei ori. Dacă apar umflături, apăsaţi uşor cu degetele protejate de mănuşi de cuptor. Ungeți totul cu gălbenuș de ou pentru a sigila găurile. Gatiti descoperit la Full pentru inca un minut. Lasă-l deoparte.

Pentru a face umplutura de nucă de cocos, cerneți făina într-un bol. Unt sau margarină. Adăugați zahărul și nuca de cocos și amestecați până obțineți un aluat moale cu ouăle, vanilia și laptele. Întindeți gemul peste biscuiți cât este încă în tavă. Se întinde uniform cu aluatul de cocos. Gătiți neacoperit la Full timp de 6 minute, întorcând tigaia de patru ori. Placinta este gata cand suprafata pare uscata si fara pete lipicioase. Lasati sa se raceasca complet.

Pentru a face glazura se amesteca zaharul de cofetari cu apa de floare de portocal cat sa se faca o glazura groasa; câteva lingurițe ar trebui să fie suficiente. Întindeți budinca deasupra. Lasati sa se raceasca inainte de a taia.

Plăcintă ușoară Bakewell

Servește 8 până la 10 porții

Pregătește-te ca budinca de burete de nucă de cocos, dar folosește dulceață de zmeură (conserve) și înlocuiește nuca de cocos cu migdale măcinate.

Aluat crocant din carne tocată

Servește 8 până la 10 porții

Pentru capacul de flan (căptușeală de tort):

225 g (8 oz) aluat gata preparat (aluat de bază)

1 galbenus

Pentru umplutura:

350 g/12 oz/1 cană carne tocată

Pentru crumble de arahide:

50 g/2 oz/¼ cană unt

125 g/4 oz/1 cană făină auto-crescătoare (auto-crescătoare), cernută

50 g/2 oz/¼ cană zahăr demerara

5 ml/1 lingurita de scortisoara pudra

60 ml/4 linguri nuci tocate

Servi:

Frisca, budinca sau inghetata

Pentru a pregăti cutia de tort, întindeți aluatul foarte subțire și tapetați o formă de tort de 23 cm diametru, unsă ușor cu unt. Înțepați bine cu o furculiță, mai ales acolo unde partea laterală se întâlnește cu baza. Gătiți neacoperit la Full timp de 6 minute, întorcând tigaia de trei ori. Dacă apar umflături, apăsați ușor cu degetele protejate de mănuși de cuptor. Ungeți totul cu gălbenuș de ou pentru a sigila găurile. Gatiti descoperit la Full pentru inca un minut. Lasă-l deoparte.

Pentru a face umplutura, asezati uniform carnea tocata in friptura.

Pentru a zdrobi nucile, intindeti untul in faina si apoi adaugati zaharul, scortisoara si nucile. Presă carnea tocată într-un strat uniform. Se lasa neacoperit si se fierbe la foc mare timp de 4 minute, intoarcend aluatul de doua ori. Se lasa deoparte 5 minute. Se taie felii si se serveste fierbinte cu frisca, budinca sau inghetata.

pâine cu budincă de unt

Porti 4

Budinca preferată a Marii Britanii.

4 felii mari de pâine albă
50 g/2 oz/¼ cană unt la temperatura camerei sau unt tartinabil moale
50 g/2 oz/1/3 cană coacăze
50 g/2 oz/¼ cană zahăr tos
600 ml/1 unitate/2½ căni lapte rece
3 oua
30 ml/2 linguri zahar demerara
Nucșoară rasă

Lăsați crustele pe pâine. Ungeți fiecare felie cu unt și tăiați-o în patru pătrate. Ungeți bine un vas pătrat sau oval adânc de 1,75 L/3pt/7½ cană. Așezați jumătate din pătratele de pâine pe partea de jos, cu părțile unse în sus. Se presară coacăze și zahăr pudră. Acoperiți cu pâinea rămasă, iar partea unsă cu unt în sus. Turnați laptele într-un ulcior sau bol. Fierbinte, neacoperită, plină timp de 3 minute. Bate bine ouăle. Se toarnă încet și ușor peste pâine. Se presara cu zahar demerara si nucsoara. Lăsați să se odihnească 30 de minute, acoperiți lejer cu o bucată de hârtie de pergament (cerată). Gatiti descoperit la decongelare timp de 30 de minute. Înainte de servire, acoperiți blatul sub grătarul fierbinte (broiler).

Budincă de pâine și unt cu lemon curd

Porți 4

Pregătiți ca la budinca de pâine și unt, dar în loc de unt, întindeți pâinea cu lemon curd.

Crema cu ou la cuptor

Porti 4

Excelent singur, cu orice combinații de salate de fructe sau cocktailuri de fructe de vară.

300 ml/½ pt/1¼ cană smântână (ușoară) sau smântână integrală

3 oua

1 galbenus

100 g / 3½ oz / doar ½ cană zahăr fin

5 ml/1 lingurita esenta de vanilie (extract)

2,5 ml/½ linguriță nucșoară rasă

1 litru / 1¾ părți / 4¼ căni vas bine uns cu unt. Se toarnă smântâna sau laptele în ulcior. Se încălzește fără acoperire la Full timp de 1 1/2 minute. Se amestecă toate celelalte ingrediente, cu excepția nucșoarei. Se strecoară pe farfurie. Pune 2L/3½ pt/8½ în a doua ceașcă. Turnați apă clocotită în tigaia mai mare până ajunge la nivelul budincii din tigaia mai mică. Se presara blatul cremei cu nucsoara. Gătiți neacoperit la Full timp de 6-8 minute până când crema se întărește. Scoateți din cuptorul cu microunde și lăsați deoparte timp de 7 minute. Scoateți forma pentru budincă din tigaia mai mare și lăsați deoparte până când centrul se întărește. Serviți cald sau rece.

Budinca de gris

Porti 4

Mâncare pentru copii, dar încă populară cu toată lumea.

50 g/2 oz/1/3 cană gris (cremă de grâu)
50 g/2 oz/¼ cană zahăr tos
600 ml/1 punct/2½ căni de lapte
10 ml/2 lingurite unt sau margarina

Pune grisul într-un bol. Se amestecă zahărul şi laptele. Gătiţi neacoperit la Full timp de 7-8 minute, amestecând bine în fiecare minut până când fierbe şi se îngroaşă. Adăugaţi unt sau margarină. Începeţi să serviţi feluri de mâncare pentru a mânca.

Budinca de orez macinata

Porti 4

Se prepară ca budinca de gris, dar înlocuieşte grisul (crema de grâu) cu orez măcinat.

Budincă de melază aburită

Porti 4

45 ml/3 linguri sirop de porumb auriu (ușor)
125 g/4 oz/1 cană făină auto-crescătoare (auto-crescătoare)
50 g/2 oz/½ cană suif tocat (vegetarian, dacă se preferă)
50 g/2 oz/¼ cană zahăr tos
1 ou
5 ml/1 lingurita esenta de vanilie (extract)
90 ml/6 linguri lapte rece

Ungeți bine un castron de budincă de 1,25 L/2¼pt/5½ cană. Se toarnă siropul până acoperă baza. Cerneți făina într-un castron și adăugați suta și zahărul. Se bat bine oul, esenta de vanilie si laptele si se macina pana se obtin ingredientele uscate. O lingură într-un castron. Gătiți neacoperit la Full timp de 4-4½ minute până când budinca se ridică în partea de sus a vasului. Se lasa deoparte 2 minute. Scoateți și puneți pe patru farfurii. Serviți cu orice sos dulce pentru desert.

Marmeladă sau budincă de miere

Porti 4

Pregătiți ca o budincă de melază aburită, dar înlocuiți siropul cu marmeladă sau miere.

Budincă de ghimbir

Porti 4

Se prepară ca o budincă de melasă aburită, dar cerne 10 ml/2 linguriţe de ghimbir măcinat în făină.

Budincă cu dulceaţă şi pandişpan

Porti 4

45 ml/3 linguri gem de zmeura (conserva)
175 g/6 oz/1½ cani de făină auto-crescătoare
75 g/3 oz/1/3 cană unt sau margarină
75 g/3 oz/1/3 cană (foarte fin) zahăr
2 oua
45 ml/3 linguri lapte rece
5 ml/1 lingurita esenta de vanilie (extract)
Frisca sau budinca de servit

Transferaţi jeleul într-un castron de budincă de 1,5 L/2½ pt/6 cani bine uns. Cerneţi făina într-un bol. Întindeţi untul sau margarina în subţire şi apoi adăugaţi zahărul. Bate bine ouale, laptele si esenta de vanilie si apoi macinati pana obtineti ingredientele uscate. O lingură într-un castron. Gatiti la putere maxima timp de 7-8 minute pana cand budinca se ridica in partea de sus a vasului. Se lasa 3 minute. Distribuiţi şi aşezaţi porţiile pe patru farfurii. Serviţi cu smântână sau budincă.

Budinca de biscuiti cu lamaie

Porti 4

Pregătiți ca o budincă de jeleu din burete, dar înlocuiți jeleul cu lemon curd și adăugați coaja de 1 lămâie mică la ingredientele uscate.

Clatite Suzette

Porti 4

Revenit la modă după mult timp în umbră.

8 clătite gătite în mod convențional, fiecare cu aproximativ 20 cm/8 în diametru

45 ml/3 linguri unt

30 ml/2 linguri zahăr fin (foarte fin)

5 ml/1 lingurita coaja de portocala rasa

5 ml/1 linguriță coajă de lămâie rasă

Suc din 2 portocale mari

30 ml/2 linguri Grand Marnier

30 ml/2 linguri rachiu

Îndoiți fiecare clătită în sferturi pentru a semăna cu un plic. Lasă-l deoparte. Pune untul într-un vas de 25 cm diametru/10. Se topește în timp ce se dezghețe timp de 1½-2 minute. Adăugați toate celelalte ingrediente, cu excepția coniacului și amestecați bine. Se încălzește la maxim 2-2½ minute. amesteca. Adăugați clătitele într-un singur strat și stropiți cu sosul de unt. Gătiți neacoperit la Full timp de 3-4 minute. Scoateți din cuptorul cu microunde. Se toarnă coniacul în ceașcă și se încălzește la putere maximă timp de 15-20 de secunde până se încălzește. Aruncă-l în cuvă și aprinde-l cu un chibrit. Se toarnă peste clătite și se servește când flăcările se sting.

Mere coapte

Pentru 1 mar: cu un cuțit ascuțit, faceți o linie în jurul mărului mare care fierbe (plăcinta), la aproximativ o treime în jos de sus. Scoateți miezul cu un curățător de cartofi sau mere, având grijă să nu tăiați în baza mărului. Umpleți cu zahăr, fructe uscate, dulceață (conserve) sau lemon curd. Se pune pe farfurie și se gătește neacoperit pe Full timp de 3-4 minute, întorcând farfuria de două ori, până când mărul se umflă ca un sufleu. Lasati sa se odihneasca 2 minute inainte de a manca.

Pentru 2 mere: pentru 1 măr, dar așezați merele unul lângă altul pe farfurie și gătiți-le pe Full timp de 5 minute.

Pentru 3 mere: pentru 1 măr, dar aranjați un triunghi pe farfurie și gătiți la Full timp de 7 minute.

Pentru 4 mere: pentru 1 măr, dar aranjați-l într-un pătrat pe o farfurie și gătiți la Full timp de 8 până la 10 minute.

Pere în stil olandez cu mousse de ciocolată Advocaat

Porți 6

10 ml/2 linguriţe gelatină pudră
30 ml/2 linguri apă rece
100 g ciocolată pură (semidulce)
2 oua, la temperatura camerei, separate
150 ml/¼ pt/2/3 cană advocaat (lichior de ouă)
425 g/15 oz/1 cutie mare de jumătăţi de pere în suc sau sirop, scurse
30 ml/2 linguri fistic tocat

Înmuiaţi gelatina într-un borcan de sticlă în apă rece timp de 5 minute. Se topeşte neacoperit la plin timp de 1-1 minute şi jumătate pană când lichidul este limpede. Se amestecă şi se pune deoparte. Se sfărâmă ciocolata şi se pune într-un bol separat. Se topeşte neacoperit la dezgheţare timp de 3-3½ minute. Amesteca bine. Adăugaţi gelatina dizolvată, gălbenuşurile de ou şi advocaat. Amestecaţi până la omogenizare şi omogenizare. Se acoperă şi se dă la frigider până începe să se îngroaşe şi să se întărească. Bate albusurile spuma pana obtii o spuma tare. Bateţi o treime în amestecul de ciocolată şi adăugaţi restul cu o lingură de metal. Împărţiţi perele în şase căni de sundae şi acoperiţi uniform cu amestecul de ciocolată. Se lasa sa se raceasca pana se intareste. Se presară cu nuci înainte de servire.

www.ingramcontent.com/pod-product-compliance
Lightning Source LLC
Chambersburg PA
CBHW071853110526
44591CB00011B/1390